学习贯彻习近平新时代中国特色社会主义经济思想

做好“十四五”规划编制和发展改革工作

| 系列丛书 |

合理扩大有效投资

丛书编写组 编著

中国计划出版社 中国市场出版社 China Market Press

·北京·

图书在版编目（CIP）数据

合理扩大有效投资 / 学习贯彻习近平新时代中国特色社会主义经济思想 做好“十四五”规划编制和发展改革工作系列丛书编写组编著. -- 北京 : 中国计划出版社 : 中国市场出版社有限公司，2020.8（2020.11重印）

（学习贯彻习近平新时代中国特色社会主义经济思想 做好“十四五”规划编制和发展改革工作系列丛书）

ISBN 978-7-5182-1222-4

Ⅰ. ①合… Ⅱ. ①学… Ⅲ. ①习近平新时代中国特色社会主义思想－学习参考资料②投资－中国－学习参考资料 Ⅳ. ①D610②F832.48

中国版本图书馆CIP数据核字(2020)第160109号

合理扩大有效投资

HELI KUODA YOUXIAO TOUZI

编　　著：丛书编写组
责任编辑：李　陵　赵文斌
装帧设计：蒋宏工作室

出版发行：中国计划出版社　中国市场出版社
社　　址：北京市西城区木樨地北里甲11号国宏大厦C座3层（100038）
电　　话：（010）63906433（发行部）
网　　址：www. jhpress. com

印　　刷：北京中科印刷有限公司
规　　格：170mm × 240mm　1/16开本
印　　张：14.75　**字　　数：**153千字
版　　次：2020年8月第1版　**印　　次：**2020年11月第3次印刷
书　　号：ISBN 978-7-5182-1222-4
定　　价：32.00元

前 言

党的十八大以来，习近平总书记围绕投资提出一系列新思想、新论断、新要求。这些重要论述立意高远、内涵丰富、思想深刻，为新时代做好投资工作、发挥投资关键作用、推动经济高质量发展指明了前进方向，提供了根本遵循，具有十分重要的意义。

“十三五”期间，按照党中央、国务院决策部署，各地区、各部门加大关键领域和薄弱环节补短板力度，投资建设取得显著成效。脱贫攻坚取得决定性成就，一大批交通、水利、能源工程建成投产，农业农村发展迈上新台阶，新型城镇化深入推进，民生保障持续加强，生态环境保护与修复提速发力，创新驱动发展成效显著，为经济社会持续健康发展和全面建成小康社会提供了重要支撑。

“十四五”时期是我国全面建成小康社会、实现第一个百年奋斗目标之后，乘势而上开启全面建设社会主义现代化国家新征程、向第二个百年奋斗目标进军的第一个五年。为深入学习贯彻习近平总书记关于投资重要论述，从理论和实践上指导开展“十四五”时期投资工作，推动投资工作再接再厉、抓住机遇、应对挑战、开拓创新，我们组织编写了本书。

本书主要包括五部分内容。第一章阐述习近平总书记关于投资重要论述的重大意义。第二章阐述学习贯彻习近平总书记关于投资重要论述的认识体会。第三章总结党的十八大以来贯彻习近平总书记关于投资重要论述取得的成效。第四章对今后一段时期投资形势进行了分析与展望。第五章提出以习近平新时代中国特色社会主义经济思想为指导做好“十四五”时期投资工作的思路举措。

本书对学习领会习近平总书记关于投资重要论述，坚持稳中求进工作总基调，牢固树立新发展理念，落实高质量发展要求，合理扩大有效投资，切实做好“十四五”时期投资工作，发挥投资的关键作用，保持经济平稳健康可持续发展，具有一定参考意义。

本书编写组

2020年8月

目 录

第一章
充分认识习近平总书记关于投资重要论述的重大意义

第二章
学习贯彻习近平总书记关于投资重要论述的深刻体会

第三章
党的十八大以来贯彻习近平总书记关于投资重要论述取得积极成效

第四章
今后一段时期投资形势分析与展望

第五章
以习近平新时代中国特色社会主义经济思想为指导 做好“十四五”时期投资工作

学习贯彻习近平新时代中国特色社会主义经济思想

做好“十四五”规划编制和发展改革工作

| 系列丛书 |

第一章

充分认识习近平总书记关于投资重要论述的重大意义

习近平总书记关于投资的重要论述从理论和实践上指明了新时代投资工作的战略方向，为新时代发挥好投资关键作用、推动经济高质量发展、提升社会民生发展水平提供了根本遵循，是对马克思主义理论的继承和发展。

第一节

明确了发挥投资关键作用的战略定位

习近平总书记指出，要发挥好投资对经济增长的关键作用。在打基础、利长远、惠民生、又不会造成重复建设的基础设施领域加大公共投资力度。[1]引导资金投向供需共同受益、具有乘数效应的先进制造、民生建设、基础设施短板等领域，促进产业和消费“双升级”。[2]这些重要论述，明确了发挥投资关键作用的战略定位。

---

[1]《中央经济工作会议在北京举行》，《人民日报》2012 年 12 月 17 日。
[2]《中央经济工作会议在北京举行》，《人民日报》2019 年 12 月 13 日。

一、有效投资能够促进供需两端共同受益

马克思指出："社会的生产力是用固定资本来衡量的，它以物的形式存在于固定资本中。"投资新增固定资本，对提高社会生产力、推动经济平稳健康可持续发展具有重要作用。习近平总书记关于发挥投资关键作用的重要论述是马克思主义投资理论的继承与发展。

扩大先进制造业领域有效投资，既能够增强产业国际竞争力，推进制造强国建设，也可以通过乘数效应带动社会投资，稳定经济运行。扩大社会事业、生态环境、水利、基础设施短板等领域的有效投资，既是资本品的形成过程，也是公共品的生产过程，既可以为社会创造必要的生产环境和条件，又可以为提高人民生活水平提供保障和便利。总之，扩大有效投资能够通过扩大生产规模，为社会提供更多商品和服务供给，促进供需两端共同受益；也能通过技术创新，提高生产效率，改进产品质量，增加产品种类，更好满足社会对更高质量产品和多样化选择的需求。

发挥投资关键作用，就要深化投融资体制改革，更好发挥政府投资对社会投资的带动作用和放大效应，聚焦关键领域和薄弱环节，加快补齐经济社会发展中的短板弱项，支持新型基础设施、新型城镇化以及交通、水利等重大工程建设，推动经济社会高质量发展。

二、投资促进形成强大国内市场稳定经济增长

习近平总书记指出，面向未来，我们要把满足国内需求作为发展的出发点和落脚点，加快构建完整的内需体系，大力推进科技创新及其他各方面创新，加快推进数字经济、智能制造、生命健康、新材料等战略性新兴产业，形成更多新的增长点、增长极，着力打通生产、分配、流通、消费各个环节，逐步形成以国内大循环为主体、国内国际双循环相互促进的新发展格局，培育新形势下我国参与国际合作和竞争新优势。[1]

投资作为资本形成活动具有双重属性，对促进形成强大国内市场、稳定经济增长发挥重要作用。在当期，投资活动形成需求；在未来，新资本形成新供给。投资活动直接引发对各种原材料、设施设备、工器具、消费品的需求，同时带动相关企业的生产资料和生活资料投资，扩大投资品和消费品市场规模，促进形成强大国内市场。

习近平总书记指出，要积极扩大国内有效需求，加快在建和新开工项目建设进度。[2] 当前，要以更大力度、更精准的投资来补短

[1]《习近平在看望参加政协会议的经济界委员时强调 坚持用全面辩证长远眼光分析经济形势 努力在危机中育新机于变局中开新局》，《人民日报》2020 年 5 月 24 日。
[2]《习近平在统筹推进新冠肺炎疫情防控和经济社会发展工作部署会议上强调 毫不放松抓紧抓实抓细防控工作 统筹做好经济社会发展各项工作》，《人民日报》2020 年 2 月 24 日。

板、强弱项，尤其是要加大地方在公共卫生设施、应急物资储备体系等领域的补短板力度，扩大公共卫生服务供给能力，为应对疫情提供坚实保障。同时，要充分发挥投资拉动当期需求的作用，有效应对疫情冲击，稳住经济基本盘，促进经济社会平稳健康发展。

三、投资夯实经济社会发展的物质基础

习近平总书记指出，发展是党执政兴国的第一要务，是解决中国所有问题的关键。[1]改革开放以来，我们聚精会神搞建设、一心一意谋发展，取得了举世瞩目的发展成就，国内生产总值年均增速远高于同期世界经济增速，国内生产总值占世界生产总值的比重由改革开放之初的不到2%快速跃升到2019年的16%左右，连续多年对世界经济增长贡献率超过30%。我国主要农产品产量跃居世界前列，建立了全世界最完整的现代工业体系，科技创新和重大工程捷报频传，基础设施建设成就显著，信息畅通，公路成网，铁路密布，高坝矗立，西气东输，南水北调，高铁飞驰，巨轮远航，飞机翱翔，天堑变通途。这些骄人发展成绩的取得，都离不开投资。

习近平总书记指出，我们的人民热爱生活，期盼有更好的教育、更稳定的工作、更满意的收入、更可靠的社会保障、更高水平的医疗卫生服务、更舒适的居住条件、更优美的环境，期盼着孩子

[1]《庆祝中国共产党成立95周年大会在京隆重举行》，《人民日报》2016年7月2日。

们能成长得更好、工作得更好、生活得更好。[1] 解决人民日益增长的美好生活需要和不平衡不充分的发展之间的矛盾，要通过扩大有效投资，持续增加社会民生服务的供给能力，发挥投资在优化民生供给中的关键作用，不断为社会民生发展提供更完备、更优质、更坚实的物质基础。

投资的持续快速增长还为社会稳定和国家安全提供了物质保障。我国是一个多种自然灾害频发的国家，虽然一些灾害发生在局部地区，但有些重大自然灾害常常造成全局性影响，给人民生命和财产安全以及经济社会发展带来重大损害。在应对自然灾害、灾后重建以及保持经济社会平稳健康发展中，投资都成为最直接最有力的手段，发挥了重要作用。

[1]《习近平在十八届中共中央政治局常委同中外记者见面时强调 人民对美好生活的向往 就是我们的奋斗目标》，《人民日报》2012 年 11 月 16 日。

第二节

指出了投资对优化供给结构促进经济结构调整的关键性作用

习近平总书记指出，要在适度扩大总需求的同时，着力加强供给侧结构性改革。[1] 习近平总书记在党的十九大报告中指出，发挥投资对优化供给结构的关键性作用。这些重要论述，指出了投资对优化供给结构、促进经济结构调整的关键性作用。

一、投资有利于深化供给侧结构性改革

深化供给侧结构性改革是习近平新时代中国特色社会主义经济

[1]《中央经济工作会议在北京举行》，《人民日报》2015 年 12 月 22 日。

思想的重要理论创新成果，也是当前和今后一个时期经济发展和经济工作的主线。

供给侧结构性改革就是从提高供给质量出发，用改革的办法推进结构调整，矫正要素配置扭曲，扩大优质供给，提高供给结构对需求变化的适应性和灵活性，提升全要素生产率，更好满足人民群众物质文化生活的需要，促进经济社会持续健康发展。深化供给侧结构性改革需要优化产权结构，实现政府宏观调控与民间活力相互促进；需要优化投融资结构，促进资源整合，实现资源优化配置；需要优化产业结构和产品结构，提高产业发展质量和产品质量；需要优化流通结构，节省交易成本，提高发展效率；需要优化消费结构，实现消费品升级换代，不断提高人民生活品质。通过有效投资优化投资结构，用投入增量带动存量结构的调整，实现经济可持续发展，提高人民生活水平，是深化供给侧结构性改革的重要手段。

补短板是深化供给侧结构性改革的重要内容。供给结构中的短板是影响供给能力的重要因素，补齐短板就能以较少的投入发挥出已有产能的效益。围绕经济发展中的短板扩大有效投资，通过不断增加优质高效供给，逐步淘汰劣质低效供给，推动新旧动能快速转换，增强供给适应需求变动的能力。

二、投资有利于加快补齐重点领域短板

习近平总书记指出，要补齐软硬基础设施短板，提高投资有效

性和精准性。[1] 全面建成小康社会，为实现“两个一百年”奋斗目标打下坚实基础，需要加大脱贫攻坚、交通、农林水利、能源、公共卫生等社会民生、生态环保、新型基础设施、新型城镇化等重点领域投资，补齐发展短板。

确保实现脱贫目标，需要集中财力、人力和物力，加大脱贫攻坚投入，为改善贫困地区和贫困人口的生产生活条件提供必要的物质基础。交通能源对经济社会发展的基础性支撑性作用明显，交通能源在产业内部、城乡地区之间发展不平衡问题突出，实现交通能源的平衡发展、协调发展需要大量资金投入。受发展阶段和发展条件制约，农业农村发展依然滞后，农民收入水平总体较低，农林水利一直是经济社会发展的短板领域，解决农林水利的供给能力长期不足问题，离不开资金投入。随着经济社会发展，人民群众对教育、医疗、养老等公共服务的需求不断增长，且呈现多元化、个性化特征。教育水平不仅是衡量经济社会发展水平的重要指标，还是影响人力资本水平的重要因素。我国优质医疗资源分布不均，建制镇和农村疾病防控设施不足，需要优化医疗卫生资源布局，加强妇幼健康和基层卫生设施建设，促进医疗资源向基层、农村流动。经济发展绝不能建立在过度资源消耗和环境污染基础上，要降低能源资源消耗、减少排放、防治污染，需要持续加大生态环保领域的投资。新型基础设施为新兴产业发展提供基础性条件，为传统产业升

[1]《中央经济工作会议在北京举行》，《人民日报》2015 年 12 月 22 日。

级提供有力支撑。一些新型基础设施的技术资金密集度高，项目投资强度大，补齐这些领域的短板需要大量投资。新型城镇化需要进一步加快县城城镇化，推进城乡以及不同规模城镇公共基础设施一体化，实现交通、市政设施的互联互通和协调发展，投资在其中发挥着重要作用。总之，补齐重点领域短板，解决发展不平衡不充分的一些突出问题，都需要加大投资力度。

三、投资有利于提升长期综合竞争实力

党的十八大以来，我国经济建设取得巨大成就，综合竞争力有了显著提高。《世界竞争力年鉴 2019》结果显示，我国竞争力综合排名第 14 位，比 2015 年提升了 8 位，但与发达国家相比差距依然明显。在当今复杂多变、竞争激烈的国际环境中，我们必须着眼长远发展和长期竞争，不断增强综合竞争力。

经济实力、基础设施、科技创新能力等是国家综合竞争力的重要组成部分。经济实力包括经济水平和经济增长潜力。我国经济规模已位居世界第二，但人均水平仍然不高，发展的空间依然很大。经济增长潜力决定了未来的经济发展水平，它的高低在很大程度上反映了未来经济实力的变化。潜在增长率越高，表明经济发展越快，经济的综合竞争力越强劲。资本和技术进步是决定经济增长潜力最重要的因素。近年来，我国基础设施投资力度不断加大，基础设施条件快速改善，资本总规模达到了较高水平，但人均资本依然

很低。技术进步决定了长期的经济增长潜力，我国近年来技术进步对经济增长的贡献率偏低，与发达国家存在较大差距，原因之一是研发（R&D）经费投入相对较低。研发投入是支撑科技创新发展、提升国家竞争力的重要基础。2017 年，我国全社会研发经费投入 2 605 亿美元，排名世界第 2 位，但尚不到美国的一半。我国企业研发投入强度低，企业 R&D 经费投入占 GDP 比重在全球排名第 13 位。要尽快缩小我国与技术前沿国家的差距，需要持续增加研发和科技创新投入。教育是构成综合竞争力的战略因素，尽管我国已经建成了世界上规模最大的高等教育体系，但从质量和创新水平来看仍与世界顶尖水平有较大差距，尽快缩小我国与发达国家在教育上的差距，还需要持续投入大量的资金。

产业升级是长期综合竞争力的重要体现。改进生产要素、提高产品质量和提升生产效率，推动产业结构和产业价值链跃升，需要新投资和对原有资本进行升级改造，需要技术密集度更高的产业替代传统产业，这些都需要大量投资。区域协调发展不仅可以扩大市场规模，还能增大发展回旋空间，增强经济抵御外部冲击的能力。要提高欠发达地区、农村地区的发展水平，持续不断地改善这些地区的基础设施条件和人力资源状况，这同样需要大规模的投资。

第三节

指明了提高投资质量和效益推动高质量发展的重要途径

习近平总书记在党的十九大报告中指出，我国经济已由高速增长阶段转向高质量发展阶段，正处在转变发展方式、优化经济结构、转换增长动力的攻关期，必须坚持质量第一、效益优先，不断增强我国经济创新力和竞争力。这些重要论述，指明了提高投资质量和效益，推动经济高质量发展的重要途径。

一、投资要更加注重提高效益

投资作为经济增长的重要推动力，其质量和效益在很大程度上影响着经济发展质量。过去，我国供给短缺，工作重点更多放在扩大投资、增加供给数量上。随着供给能力的不断增长以及消费结构升级和消费需求转向多样化、高端化、服务化，供给能力总量不足问题已基本解决，同时出现了供需结构错配问题，部分行业出现产能过剩，有效供给不足。这种情况下，如果不注重效益，一味扩大投资，增加总量，不仅投资对经济发展的作用会明显减弱，而且还会加剧已有的供需结构性矛盾。

近年来，我国在适度扩大总需求的同时，将宏观经济管理的重点转向供给侧，通过推进供给侧结构性改革提高供给体系质量和效率，优化投资结构，加快培育新的发展动能，改造提升传统产能。在投资结构优化和优质新供给带动下，投资效益持续改善，以相对较低的投资增速实现了经济的平稳运行。随着投资对优化供给结构的关键性作用的不断发挥，经济发展的内生动力不断增强。

现阶段我国经济发展中的投资需求潜力仍然巨大，物质资本积累和人力资本积累都还有很大增长空间。投资工作的重点要聚焦补短板、调结构，更加注重提高投资质量和效益，积极扩大有效投资，强化投资政策的精准性，持续发挥投资的关键性作用，不断激发经济发展潜力，必将有力地促进经济高质量发展。

二、投资要注重经济效益、社会效益和生态效益

习近平总书记指出，投资要有效益，扩大投资可以促进增长，

但如果都是无效投资，投下去没有回报，贷的款、借的债就没法偿还，形成一堆坏账，对企业而言就是财务风险，对国家而言就是财政金融风险。[1]

对企业来说，投资要有财务收益。企业要在市场竞争中生存和发展，就必须赢利。企业没有利润、大面积亏损，一段时间后就会撑不下去，员工无工薪收入，政府无财政收入，还会导致金融机构出现大量呆坏账，进而引发金融风险甚至社会风险。因此，企业投资要注重经济效益，加快技术、产品、业态等创新，切实增强市场竞争力和盈利能力。

对政府来说，投资要有社会效益并兼顾财力。政府投资特别是基础设施投资大多具有公共性，而且这些公共基础设施一般需要适度超前，为经济社会发展创造前提条件。因此，基础设施项目特别是公共性较强的基础设施投资的回报周期可以长一些，但是不能将几十年以后的事都干了，即使应该干的也要看财力是不是可以支撑。项目投资、建设、运营应注重考虑社会公共需求的优先程度，同时考虑推动经济社会持续、健康发展的效果。

习近平总书记在论述我国经济发展与生态环境保护的关系时，多次提到绿水青山就是金山银山的“两山”理念。良好生态环境是人和社会持续发展的自然基础，无论是政府投资还是企业投资，都

[1]《中共十八届五中全会在京举行》，《人民日报》2015 年 10 月 30 日。

要践行“两山”理念，注重生态效益。在绿色发展成为社会主旋律的今天，兼具改善环境和社会责任的绿色投资、生态投资逐步成为投资热点。这种基于环境准则、社会准则、经济准则的新投资模式，不再把经济效益当作唯一的价值衡量标准，而是综合考虑经济、社会、环境三重因素，在追求经济效益的同时，积极承担起相应的社会、生态责任。只有同时注重经济效益、社会效益和生态效益，才能真正推动经济高质量发展。

三、政府投资要强化绩效管理

政府投资是国家进行宏观调控、优化公共资源配置的重要手段。政府投资决策和实施过程涉及的利益主体多、诉求差异大，各种不确定性因素影响复杂，理论性、政策性和实践性问题相互交织。切实强化绩效管理，加大投资监管力度，有利于促进提高政府投资的科学性和精准度，真正实现政府投资效益最大化。

政府投资是引导、带动全社会投资的关键，政府投资效益也在很大程度上决定了整体投资效益，进而影响经济发展质量。提高绩效是政府投资管理的重要内容。针对不同政府投资方式，健全绩效评价机制，通过绩效评价完善政府投资管理。加强评价结果运用，有利于找出影响政府投资效益的关键问题，并通过解决这些问题提高政府投资效益。政府投资领域广、涉及行业多，每个领域、行业都有不同特点，要有针对性地设置评价指标体系，确保评价结果客观、准确。按照新发展理念和高质量发展要求，更新投资理念，积极研究探讨制定推动投资领域落实高质量发展的绩效评价体系，将提高全社会投资效益、推进投资高质量发展落到实处。

一分部署，九分落实。加强事中事后监管是将投资落到实处，及早发挥效益的重要手段。近年来，《政府投资条例》《企业投资项目核准和备案管理条例》都对加强投资监管提出了明确要求。在信息化条件下，充分运用大数据手段，有利于提高投资监管的工作效益，及时对投资运行和项目建设加强预警研判。各部门、各地方在投资监管中各司其职、各负其责，形成既有明确分工，又能密切配合的投资监管体系。特别是基层部门具有就近就便的优势，可以充分发挥作用，加强日常调度和监管，推进投资项目及时开工建设，尽快形成实物工作量，保障资金和工程质量安全。

第四节

提出了调动民间投资积极性激发市场活力的重要任务

习近平总书记指出，要着力放开市场准入，凡是法律法规未明确禁入的行业和领域都应该鼓励民间资本进入，凡是我国政府已向外资开放或承诺开放的领域都应该向国内民间资本开放。[1] 这些重要论述，提出了调动民间投资积极性激发市场活力的重要任务。

一、放宽市场准入鼓励民间投资

在做大做强做优国有资本的同时，鼓励支持引导非公有制经济

[1]《习近平在看望参加政协会议的民建工商联委员时强调 毫不动摇坚持我国基本经济制度 推动各种所有制经济健康发展》，《人民日报》2016 年 3 月 5 日。

发展，有助于激发中国特色社会主义市场经济发展的活力。改革开放以来，我国经济高速发展，根本动力就在于推动市场经济改革，推进对内对外开放，各类市场主体活力不断增强。伴随改革开放的进程，民营经济由小到大、由弱变强，已成为国民经济的重要组成部分、社会就业的容纳器、国家财政收入的重要来源。

党的十八大以来，针对民营企业反映突出的“玻璃门”“弹簧门”“旋转门”等市场准入门槛高、存在隐性壁垒等问题，有关部门全面贯彻落实习近平总书记重要指示精神，积极采取有针对性的措施，切实保护包括民营企业在内的各类投资主体合法利益，持续放宽市场准入、消除各种隐性壁垒，充分调动各类投资主体的积极性。在民间投资有意参与的卫生健康、文化旅游、家政服务、养老托育等公共服务领域，以及交通运输、电力、石油天然气、基础电信等基础设施领域，已先后出台了一批鼓励和引导民间投资进入的政策措施，清理规范了审批事项，较大幅度降低了准入门槛。特别是，坚定不移地建立健全市场准入负面清单制度，确立了统一公平的规则体系，真正实现了“非禁即入”，清单之外的行业、领域、业务等，各类市场主体皆可依法平等自主选择是否进入，极大地调动了民间投资等各类投资主体的积极性。

二、营造良好营商环境吸引民间投资

推进“放管服”改革，优化营商环境，对于保持我国经济平稳运行、促进经济社会健康发展，特别是对于调动包括民间投资在内的各类投资主体的积极性具有重要意义。深化“放管服”改革，营造宽松的市场经营和民间投资环境，必须推进政府职能深刻转变，大幅减少微观管理事务和具体审批事项，最大限度减少政府对市场资源的直接配置和对市场活动的直接干预，加强公正监管，提高政务服务能力和水平，持续优化营商环境，激发市场活力、增强内生动力、释放内需潜力，促进经济社会持续健康发展。

各地区、各部门按照党中央、国务院部署，顺应社会期盼，持续推进“放管服”改革，落实《优化营商环境条例》。当前，我国营商环境明显改善，简政放权成效明显，但还要继续深化，把该放的权彻底放出去，把该减的事项坚决减下来，把该清的障碍加快清除掉，持续为市场主体松绑、铺路。要进一步放宽市场准入，大力压减行政许可和整治各类变相审批，着力打通企业开办经营和投资建设这两大重点领域的堵点，协同推进更大规模减税降费和“放管服”改革。

三、解决融资难融资贵问题为民间投资提供有力保障

习近平总书记指出，要优先解决民营企业特别是中小企业融资难甚至融不到资问题，同时逐步降低融资成本。[1] 强化中小微企业

---

[1]《习近平主持召开民营企业座谈会强调 毫不动摇鼓励支持引导非公有制经济发展 支持民营企业发展并走向更加广阔舞台》，《人民日报》2018 年 11 月 2 日。

金融服务，激发民间投资活力，是切实解决困扰中小微企业融资难融资贵问题的重要突破口。

有关方面积极采取措施，健全银行业金融机构服务民营企业体系，推动解决民营企业融资难融资贵问题。2019 年 2 月，中共中央办公厅、国务院办公厅印发《关于加强金融服务民营企业的若干意见》，从加大金融政策支持力度、完善绩效考核和激励机制、积极支持民营企业融资纾困等方面提出 15 条措施。银保监会印发《关于进一步加强金融服务民营企业有关工作的通知》，从持续优化金融服务体系、抓紧建立“敢贷、愿贷、能贷”的长效机制、公平精准有效开展民营企业授信业务、着力提升民营企业信贷服务效率、从实际出发帮助遭遇风险事件的民营企业融资纾困、推动完善融资服务信息平台、处理好支持民营企业发展与防范金融风险的关系、加大对金融服务民营企业的监管督查力度 8 个方面，提出了 23 条细化措施。这些政策措施的出台，有力促进商业银行加快观念转变和业务转型，优化内部资源配置和政策安排，促进敢贷、能贷、会贷、愿贷“质”的变化。

第五节

提供了深化投融资体制改革增强经济社会发展动力的根本遵循

习近平总书记指出，要增大简政放权的含金量，加紧深化投资体制改革。[1] 习近平总书记在党的十九大报告中指出，深化投融资体制改革，发挥投资对优化供给结构的关键性作用。这些重要论述，提供了深化投融资体制改革、增强经济社会发展动力的根本遵循。

一、深化投融资体制改革充分激发投资活力

投资是市场经济条件下配置资源的重要手段，也是供给侧和需

[1]《中共中央政治局召开会议 决定召开十八届四中全会》,《人民日报》2014 年 7 月 30 日。

求侧两端发力的重要引擎。深化投融资体制改革是加强供给侧结构性改革的重要内容，对于贯彻落实新发展理念，促进经济社会高质量发展具有重要的理论和实践意义。

深化投融资体制改革是促进有效投资增长，发挥投资对优化供给结构关键性作用的必然选择。当前，我国经济已由高速增长阶段转向高质量发展阶段，正处在转变发展方式、优化经济结构、转换增长动力的攻关期。基础设施互联互通和一些新技术、新产品、新业态、新商业模式的投资机会大量涌现，公共服务基础设施条件需进一步改善。这就要求通过深化投融资体制改革，加快创新投融资方式，发挥好政府投资带动作用，鼓励和促进企业投资，加大制造业技术改造和设备更新，加强人工智能、工业互联网、物联网等新型基础设施建设，补齐农村基础设施和公共服务设施建设短板，加大公共卫生服务、应急物资保障和自然灾害防治领域投入，在促进传统产业改造升级的同时，积极扩大战略性新兴产业投资，不断提升资本等要素的配置效率，促进我国经济增长从要素驱动、投资驱动转向创新驱动。

深化投融资体制改革是推进简政放权、激发市场活力的内在要求。近年来，投融资体制改革紧紧围绕促进投资便利化，在实施投资项目负面清单制度基础上，协同推进项目准入各环节的审批制度改革，逐步建立精简前置、并联审批为核心的新型核准制度，投资领域简政放权取得突出成效。但同时也要看到，部门放权不协同、不到位，一些投资项目报建审批事项多、技术审查类事项多、办理周期长等问题依然存在。因此，必须聚焦落实企业投资主体地位和投资决策自主权，继续精简和优化项目报建审批流程，加快投资项目承诺制改革，着力破除影响和制约各类市场主体投资活动的体制机制障碍，营造公平透明、可预期的投资环境，进一步释放市场主体的活力和动力。

深化投融资体制改革是转变政府职能、改善投资管理和服务的迫切需要。当前，事中事后监管仍是投资管理中的短板和薄弱环节，各地还不同程度存在重事前审批、轻事中事后监管，监管主体不明、责任界定不清、监管手段落后、监管效率不高等问题。为此，一方面，要抓紧健全投资监督管理制度体系，发挥各类规划和准入标准的指引性、控制性作用，规范引导促进各类投资活动；另一方面，要坚持寓管理于服务之中，在制度上、政策上营造宽松的市场经营和投资环境，鼓励和支持各种所有制企业创新发展，保护各种所有制企业产权和合法利益，提高企业投资信心，改善企业市场预期。

二、加大投资领域开放力度

党的十八大以来，习近平总书记就建设高水平开放型经济新体制、做好利用外资和对外投资工作作出的一系列重要论述，博大精深，意义深远，指明了新形势下我国对外开放战略的目标方向，提供了新时代推进对外开放工作的根本遵循。

习近平主席指出，着力推进高水平双向开放，坚持互利共赢。中国开放的大门永远不会关上，只会越开越大。我们将实行更加积极主动的开放战略，创造更全面、更深入、更多元的对外开放格局。我们将加大放宽外商投资准入，推进国内高水平高标准自由贸易试验区建设，打造市场化、法治化、国际化营商环境，促进内外资企业一视同仁、公平竞争。随着一系列重大改革举措的持续推进，中国投资软环境将更开放、更宽松、更透明，为外资企业分享中国发展机遇创造更为有利的条件。我们将鼓励更多企业走出去，扩大对外投资，搭建互利共赢合作新平台。[1]习近平总书记强调了中国坚持对外开放基本国策，向世界展示了中国坚定开放发展的积极姿态和良好形象，指明了高水平对外开放的目标，也明确了利用外资和对外投资工作的重点任务。

党的十九大报告指出，实行高水平的贸易和投资自由化便利化政策，全面实行准入前国民待遇加负面清单管理制度，大幅度放宽市场准入，扩大服务业对外开放，保护外商投资合法权益。凡是在我国境内注册的企业，都要一视同仁、平等对待。要创新对外投资方式，促进国际产能合作，形成面向全球的贸易、投融资、生产、服务网络，加快培育国际经济合作和竞争新优势。这是以习近平同志为核心的党中央适应经济全球化新趋势、准确判断国际形势新变

[1]《习近平出席亚太经合组织工商领导人峰会并发表主旨演讲》，《人民日报》2016 年 11 月 21 日。

化、深刻把握国内改革发展新要求作出的重大战略部署，为新形势下推动积极利用外资和对外投资高质量发展提供了根本遵循。

“引进来”和“走出去”是对外开放的两大重要支柱。坚持引资引技引智相结合，外资搭载着先进技术、经营理念、管理经验等重要要素进入中国，能够带动我国企业嵌入全球产业链、价值链、创新链，促进经济高质量发展。在提高“引进来”质量和水平的同时，推动企业稳妥有序“走出去”，既有利于保障能源资源供应、带动商品和服务输出、获取创新资源和营销网络，助力国民经济提质增效升级，也有利于促进东道国经济和社会发展，实现互利共赢。

第六节

是打好防范化解重大风险攻坚战的行动指南

习近平总书记指出，要坚持尽力而为、量力而行，不能超越发展阶段，不能提脱离实际的目标，更不能搞形式主义和“形象工程”。[1] 要把控制和化解地方政府性债务风险作为经济工作的重要任务。[2] 要防范化解金融风险。[3] 这些重要论述，是打好防范化解重大风险攻坚战的行动指南。

[1]《把乡村振兴战略作为新时代“三农”工作总抓手》（2018 年 9 月 21 日），《求是》2019 年第 11 期。

[2]《中央经济工作会议在北京举行》，《人民日报》2013 年 12 月 14 日。

[3]《习近平主持召开中央财经领导小组第十一次会议强调 全面贯彻党的十八届五中全会精神 落实发展理念推进经济结构性改革》，《人民日报》2015 年 11 月 11 日。

一、防范化解地方政府隐性债务风险

投资领域必须坚持尽力而为、量力而行，重视防范化解地方政府债务风险。目前我国地方政府债务风险总体可控，债务率低于主要市场经济国家和新兴市场国家的债务水平。但是，必须清醒认识到地方政府债务成因的复杂性和违规融资的隐蔽性，部分地方政府隐性债务存量规模仍然较大，有的市县区面临的偿债压力较大，化解地方政府债务任务仍较为艰巨。必须依法妥善处理存量债务，控制增量债务风险，坚决打好防范化解重大风险攻坚战，坚决守住不发生重大金融风险的底线。

地方政府举债必须考虑财政承受能力。地方政府科学适度举债有利于促进经济发展和改善民生，有利于调动地方政府谋发展、搞建设的主动性和积极性。举债发展必须把握好投资的力度和节奏，平衡好投资发展、承受能力和防范风险的关系。地方政府保障改善民生需要尽力而为，要突出重点，尽最大可能先解决急需急迫问题，再在发展中逐步完善提高。保障改善民生还要量力而行，要防止制定脱离基本国情和当地实际的发展指标，防范债务风险积累。地方政府举债必须充分论证地方财政承受能力，把偿债措施落到实处，健全地方政府债务风险管控措施，从机制上完善风险应对预案，确保偿债资金能覆盖所有债务本息，保证债务融资可持续。

加强地方债务管理是防风险的重要内容。优化政府间事权和财权划分，建立权责清晰、财力协调、区域均衡的中央和地方财政关系，形成稳定的各级政府事权、支出责任和财力相适应的制度。依法构建管理规范、责任清晰、公开透明、风险可控的政府举债融资机制。根据发展需求和风险管控实际，不断调整优化地方政府债券额度管理机制。坚持谁举债谁负责，依法落实地方政府承担的债券偿还责任。厘清专项债券政府信用与项目收入关系，合理引导投资主体风险损失预期。规范专项债券发行约束条件，规范落实专项债券可用作项目资本金的政策措施。严禁以政府投资基金、政府和社会资本合作（PPP）、政府购买服务等名义变相举债。分类推进融资平台公司市场化转型，剥离融资平台公司政府融资职能。健全政府债务监督问责机制，严肃问责和查处违法违规行为。

二、防范化解金融风险

习近平总书记指出，实体经济健康发展是防范化解风险的基础。[1] 防范化解金融风险特别是防止发生系统性金融风险，是金融工作的根本性任务。党的十九大报告指出，要坚决打好防范化解重大风险、精准脱贫、污染防治三大攻坚战。2017 年 12 月召开的中央经济工作会议强调，打好防范化解重大风险攻坚战，重点是防范金融风险。防范化解金融风险，事关国家安全、发展全局、人

[1]《中共中央政治局召开会议》，《人民日报》2019 年 2 月 23 日。

民群众财产安全，是一场输不起的战役。稳定投资增长、保持经济运行在合理区间，是推动高质量发展、防止金融风险的重要基础。一方面，投资稳住了，风险控制就有保障；另一方面，做好稳投资工作，要更加注重防范金融风险，要在防风险基础上，保持补短板、稳投资力度，充分发挥投资对优化供给结构的关键性作用。

严格执行投资项目资本金制度，坚持促进有效投资和防范金融风险统筹推进。实行固定资产投资项目资本金制度，从微观上看，有助于控制项目投资的杠杆率，防范单个项目的债务风险；从宏观上看，作为一项调控工具，有助于促进有效投资和防范债务风险紧密结合，统筹推进。2019 年，国务院印发《关于加强固定资产投资项目资本金管理的通知》，明确项目投资方、项目审批部门、金融机构审查工作相关责任，对于项目借贷资金和不符合国家规定的股东借款、"名股实债"等资金，不得作为项目资本金，筹措项目资本金不得违规增加地方政府隐性债务，不得违反国有企业资产负债率相关要求。同时，推动严格执行各行业项目最低资本金比例，控制债务规模，并引导规范各有关方面多渠道筹措项目资本金，扩大资本金来源，降低项目融资偿债压力。

严格执行法律制度，依法规范投资项目决策和管理。为加强投资项目科学论证、严格审查和规范管理，2016 年底，国务院发布《企业投资项目核准和备案管理条例》，2019 年又颁布《政府投资条例》。落实项目单位前期工作责任和审查把关标准，明确对政府投资资金来源等建设条件不落实、违规举债筹措建设资金、违反产业政策等项目一律不得审核、核准。既有助于从源头上防止盲目上项目造成债务风险，做到不该上的项目坚决不上，也有助于避免超规模、超标准建设项目，避免增加债务负担。

三、防范化解投资项目风险

健全政府投资项目风险防范机制。当前，一些政府投资项目求大求全脱离当地经济实际支撑能力，同时有的领域投资严重不足成为制约经济社会发展的瓶颈和短板；政府投资约束机制不健全，部分地区习惯依靠上项目、上投资来盲目扩大投资推动发展，政府投资效率和效益不高，债务风险累积。健全政府投资风险防范机制需要完善政府投资范围评估调整机制，不断优化政府投资方向和结构，使政府投资主要投向市场不能有效配置资源的社会公益服务、公共基础设施、农业农村、生态环境保护、重大科技进步、社会管理、国家安全等公共领域。完善政府投资专项设立机制，合理确定支持标准和支持方式，不断提升政府投资效率。强化政府投资项目前期必要性分析、需求论证和风险评价，落实项目决策环节主体责任。明确政府投资项目建设标准，严格项目可研审批、概算调整程序。落实项目建设单位责任。依托投资项目在线审批监管平台，加强政府投资项目事中事后监管。

合理引导、科学应对企业投资项目风险。企业投资项目风险主要由投资主体承担，政府需加强对项目外部性影响的管理。按照产业升级和高质量发展要求，适时调整《产业结构调整指导目录》，不断优化产业投资管理规定、行业规范要求和市场准入条件。强化产业发展规划和区域规划对企业投资的引导作用。充分发挥政府部门的资源优势和组织优势，在各类开发区、工业园区、新区和其他有条件的区域，推行由政府统一组织实行对压覆重要矿产资源、环境影响评价等评估评价事项的区域评估。完善宏观调控政策与行业管理部门、金融监管部门合作机制，严格落实投资项目资本金制度，金融机构要把好项目投资、融资的金融“闸门”，加强对投资项目资本金来源、比例、到位情况的审查监督，加强对项目资金使用的合规性监管。完善企业财会制度，加强企业财务约束，科学安排融资结构，减少盲目投资和过度担保行为。

此外，不论是政府投资项目还是企业投资项目，都要重视防范规划选址风险、生态环境风险、工程技术风险、工程质量安全风险等各类风险。防范规划选址风险，就是要科学编制各类规划，充分参考近年来重大项目选址的经验教训，强化选址布局的提前论证和比选，确保纳入规划的项目风险可控。防范生态环境风险，就是要坚持生态优先、资源节约、保障民生，确保符合当地环境容量标准。防范工程技术风险，就是要加强技术方案比选，优先选择技术相对成熟的方案，使工程技术和设备材料等能够有效落实。防范工程质量安全风险，就是要守住质量安全底线，严格履行基本建设程序和招投标制度，按规定选择勘察、设计、施工、监理等单位，落实项目参建各方责任，切实把好材料质量关，加强工程质量监管，不断提高工程质量。

第二章

学习贯彻习近平总书记关于投资重要论述的深刻体会

学习领会和贯彻落实习近平总书记关于投资重要论述，必须用党的创新理论指导投资实践，坚持新发展理念，始终服务国家重大战略，深入推进改革开放，高效发挥投资关键作用。

第一节

必须坚持党的集中统一领导

习近平总书记指出，我们坚持加强党对经济工作的集中统一领导，保证我国经济沿着正确方向发展。要加强党对经济工作的领导，坚持稳中求进工作总基调，坚持新发展理念，紧扣我国社会主要矛盾变化，按照高质量发展的要求，统筹推进“五位一体”总体布局和协调推进“四个全面”战略布局，坚持以供给侧结构性改革为主线，统筹推进稳增长、促改革、调结构、惠民生、防风险各项工作。[1]

[1]《中央经济工作会议在北京举行》，《人民日报》2017 年 12 月 21 日。

一、强化思想引领

习近平总书记指出，科学理论是我们推动工作、解决问题的“金钥匙”。[1] 加强思想引领、强化理论武装是中国共产党保持团结统一、领导革命和建设事业不断取得胜利的思想基础和重要保障。习近平新时代中国特色社会主义思想是马克思主义中国化的最新成果，明确了新时代坚持和发展中国特色社会主义的总任务、新时代我国社会主要矛盾、中国特色社会主义事业总体布局和战略布局、全面深化改革总目标、全面推进依法治国总目标、新时代的强军目标、中国特色大国外交、中国特色社会主义最本质特征和中国特色社会主义制度的最大优势，提出了推动新时代中国特色社会主义建设事业发展的基本方略。

在投资工作中，要坚持以习近平新时代中国特色社会主义经济思想为指导，增强“四个意识”、坚定“四个自信”、做到“两个维护”，以坚定的理想信念、鲜明的人民立场、求真务实的作风、勇于创新的精神和科学的思想方法，推动投资领域的改革发展。要将贯彻新发展理念、建设现代经济体系、深化供给侧结构性改革、加快建设创新型国家、实施乡村振兴战略、实施区域协调发展、深

[1]《习近平在“不忘初心、牢记使命”主题教育总结大会上强调 以主题教育为新的起点 持续推动全党不忘初心牢记使命》，《人民日报》2020 年 1 月 9 日。

化投融资体制改革、发挥投资对优化供给结构的关键性作用等科学论断，贯彻到投资实践全过程，推动投资领域迈上新征程新阶段。要认真贯彻落实党中央、国务院决策部署，全力推动做好稳投资、补短板工作，充分发挥投资在改善供给、稳定需求以及塑造新动能、推动产业转型升级、优化区域布局、提高保障改善民生水平、畅通国内国际双循环、推动生态文明建设等方面的积极作用，不断提升投资管理水平，提高投资效益效率。

二、坚持制度优势

习近平总书记指出，中国特色社会主义最本质的特征是中国共产党领导，中国特色社会主义制度的最大优势是中国共产党领导。[1] 党是最高政治领导力量。党的领导制度是我国的根本领导制度。投资领域要坚持完善加强维护党中央权威和集中统一领导，认真学习贯彻习近平总书记重要讲话精神、重要指示批示精神，切实落实党中央、国务院重大决策部署。各级政府投资主管部门要建立重大事项向党委（党组）请示报告制度。确保投资领域党管干部、党管人才、党管意识形态落到实处，强化党的集中领导、统筹协调、督促检查和实施协同。

必须充分发挥集中力量办大事的新型举国体制在投资建设中的

[1]《庆祝中国共产党成立 95 周年大会在京隆重举行》，《人民日报》2016 年 7 月 2 日。

作用。坚持全国一盘棋，调动各方面积极性，集中力量办大事，是我国国家制度和国家治理体系中的显著优势之一，也是新中国成立 70 多年来我国经济社会发展取得重大成就的重要法宝。从“两弹一星”到载人航天、从探月工程到“蛟龙”深潜、从三峡工程到青藏铁路、从北京奥运会到上海世博会、从构建我国工业化骨架到高铁大动脉纵横延伸等，集中力量办大事始终发挥着特殊重要的作用。在推动新时代投资建设和改革发展过程中，我们在充分发挥市场配置资源决定性作用的同时，要继续发挥集中各方面力量、调动各方面资源、全国一盘棋、上下一条心、高效有力办成一件件大事的新型举国体制的优势。在事关长远发展，具有全局性的区域协调发展、生态环境保护、“一带一路”建设、重特大工程建设等领域，继续发挥集中力量办大事的优势。加强规划引导，带动全社会投资资金向国家鼓励支持的重点领域、重大工程倾斜。用好政府投资计划这一有效管理手段，推动政府投资资金统一管理和集中使用，支持重点领域、重大项目建设，不断增强我国的综合国力和国际竞争力。

三、注重正风肃纪

党的十九大报告指出，人民群众最痛恨腐败现象，腐败是我们党面临的最大威胁。只有以反腐败永远在路上的坚韧和执着，深化标本兼治，保证干部清正、政府清廉、政治清明，才能跳出历史周期率，确保党和国家长治久安。从党的十八大以来惩处腐败的相关案件看，与投资密切相关的项目审批、招投标、土地转让、规划审批、工程建设、资金支付等属于腐败集中高发领域，投资领域反腐败形势仍然严峻。因此，投资领域夺取反腐败斗争压倒性胜利的决心必须坚如磐石，要坚持无禁区、全覆盖、零容忍，坚持重遏制、强高压、长震慑。投资领域要不断强化不敢腐的震慑，扎牢不能腐的笼子，增强不想腐的自觉，不断将反腐败斗争推向深入。

必须以正风肃纪营造干事创业的良好氛围。投资领域各级党组织要切实加强作风建设，密切与人民群众的血肉联系，增强群众观念和群众感情，凡是群众反映强烈的问题都要严肃认真对待，凡是损害群众利益的行为都要坚决纠正。要以上率下，巩固拓展落实中央八项规定精神成果，继续整治“四风”问题，坚决反对特权思想和特权现象。要重点强化政治纪律和组织纪律，带动廉洁纪律、群众纪律、工作纪律、生活纪律严起来。坚持开展批评和自我批评，坚持惩前毖后、治病救人，运用监督执纪“四种形态”，抓早抓小、防微杜渐。强化监督执纪问责，加强纪律教育，强化纪律执行，强化对“关键少数”的监督检查，让党员、干部知敬畏、存戒惧、守底线，习惯在受监督和约束的环境中工作生活，努力创造投资领域干事创业、风清气正的良好环境。

第二节

必须正确处理好投资与环境、资源的关系

一、投资领域要全面贯彻新发展理念坚持高质量发展

党的十八届五中全会提出了创新、协调、绿色、开放、共享的新发展理念。新发展理念是针对当前我国发展面临的突出问题和挑战提出来的发展战略指引，集中反映了中国共产党对我国发展规律的新认识。在我国经济已由高速增长阶段转向高质量发展阶段的过程中，新发展理念深刻揭示了实现更高质量、更有效率、更加公平、更可持续发展的必由之路，是关系我国发展全局的一场深刻变革。投资领域全面贯彻新发展理念，就是要正确处理好投资与环

境、资源的关系，坚持高质量发展。

推动经济实现高质量发展，重点要放在推动经济转型升级上，把实体经济做强做优。要立足优势、挖掘潜力、扬长补短，努力改变传统产业多新兴产业少、低端产业多高端产业少、资源型产业多高附加值产业少、劳动密集型产业多资本科技密集型产业少的状况，构建多元发展、多极支撑的现代产业新体系。对于投资领域而言，扩大有效投资，加快补齐发展短板，不仅有利于推动产业结构升级和提质增效，也有利于从总体上优化供给结构，推进经济高质量发展。

必须正确处理经济发展同生态环境保护之间的关系，推动绿色发展、循环发展、低碳发展，决不以牺牲环境、浪费资源为代价换取一时的经济增长。在投资领域，协调推进新型工业化、信息化、城镇化、农业现代化和绿色化，走出一条经济发展和生态文明相辅相成、相得益彰的新发展道路，既能让良好生态环境成为人民生活质量的增长点，也能让人民群众切实感受到经济发展带来的实实在在的环境效益，还能为子孙后代留下可持续发展的“绿色银行”。

我国是一个发展中的大国，建设现代化国家，不应重走西方国家“先污染后治理”的老路，而应探索出一条经济发展与环境保护相互促进的新路。投资领域要始终坚持质量第一、效益优先，不断增强创新力和竞争力，坚定走投资增长与生态良好的文明发展道路，推动建设资源节约型、环境友好型社会，形成人与自然和谐发展现代化建设新格局。

二、投资项目要坚持“两山”理念注重保护生态环境

习近平总书记指出，要正确处理好经济发展同生态环境保护的关系，牢固树立保护生态环境就是保护生产力、改善生态环境就是发展生产力的理念，更加自觉地推动绿色发展、循环发展、低碳发展，决不以牺牲环境为代价去换取一时的经济增长。[1] 必须深刻认识绿水青山就是金山银山理念的重要内涵，经济发展同生态环境保护两者绝不是对立关系，处理好两者的关系关键在人，关键在思路。坚持创新、协调、绿色、开放、共享的新发展理念，通过绿色发展，解决好人与自然和谐共生问题，推动形成绿色发展方式和生活方式。

坚持“两山”理念，投资要注重保护生态环境，具体到投资项目上，就是要加强生态环境风险防控，科学确定项目选址，尽量减少投资项目对原有生态环境的不利影响。重视弥补投资活动中的生态环境短板，切实做到投资项目与生态环境协调统一。

必须强化源头管理，着力抓好投资项目的生态环境风险防控工作。投资项目选址要始终坚持生态优先、资源节约、有序开发、规范发展、保障民生的原则，既要符合当地环境容量标准，也要符合国家环境保护法律法规的各项要求，严格落实生态保护红线、环

---

[1]《习近平在中共中央政治局第六次集体学习时强调 坚持节约资源和保护环境基本国策 努力走向社会主义生态文明新时代》，《人民日报》2013 年 5 月 25 日。

境质量底线、资源利用上线和生态环境准入清单（简称“三线一单”）制度。为了有效降低生态环境风险，投资项目要优化选址建设方案，做到“四个尽量”，即尽量远离自然保护区、水源保护区等生态屏障区和脆弱区，尽量远离环境敏感区域和设施，尽量减少耕地特别是基本农田占用，尽量减少征地拆迁和居民安置。当投资项目涉及占用生态空间中的林地、草原、湿地、重点保护动植物栖息地、沙化土地封禁保护区等区域时，应当加强可行性论证和管理，并按照有关法律法规或制度规定办理相关手续，确保依法保护的生态空间面积不减少、生态功能不降低。同时，还要加强投资项目“三同时”全过程监管，切实做到环境保护设施与项目主体工程同时设计、同时施工、同时投产使用。

必须做好分类指导，科学确定重大环境影响投资项目选址。对于石化类项目，应布局在依法依规设立、地域空间相对独立、安全生产和生态环境保护设施齐全、防护纵深广阔的化工园区或以化工为主的产业集聚区，尽量远离中心城区和人口集聚区。对于石油天然气储存和管网项目，避绕自然保护区、水源地等生态红线区，并在穿越交通基础设施时，从设计源头保障工程本质安全，避免油气泄漏造成生态环境风险。对于垃圾焚烧发电、污水处理项目，科学制定中长期专项规划，超前谋划项目选址，全面公开规划选址相关信息，广泛征求社会各方面意见。对于冶金、建材和机械加工等工业项目，避开人口集聚区，确保足够安全距离，避免噪声和粉尘污染。对于需围填海的新建项目，严格遵守加强滨海湿地保护的要求，切实提高滨海湿地保护水平。

必须补齐生态环境短板，部署投资一批重点生态工程项目。针对经济发展与生态保护不平衡的问题，通过安排生态环境保护和治理的投资项目，将经济社会发展红利同步转化为生态环境红利。在投资方向上重点向天然林保护、防护林建设、退耕还林还草、退牧还草等方面倾斜，积极培育绿水青山、着力提升生态承载力、增强绿色发展生态支撑能力。加大整治生态环境污染问题的项目投资力度，开展重点区域流域综合治理，加强区域大气污染联防联控，因地制宜加快城镇污水垃圾处理设施建设，加强土壤污染治理与修复。在项目实施上注重不破坏生态环境。科学确定项目选址，优化施工方案，合理开展项目建设，尽量减少投资项目对原有生态环境的不利影响。在保护生态环境中开发绿色产业，推动重点领域节能减排，大力发展低碳经济和循环经济，走绿色可持续发展道路。

三、投资项目要注重节约资源

习近平总书记指出，坚决控制能源消费总量，有效落实节能优先方针，把节能贯穿于经济社会发展全过程和各领域。[1] 2013 年 12 月，中共中央政治局会议提出，必须坚定不移推进节约集约用

[1]《习近平主持召开中央财经领导小组会议强调 积极推动我国能源生产和消费革命 加快实施能源领域重点任务重大举措》，《人民日报》2014 年 6 月 14 日。

地，优化土地利用结构，提高土地利用效率。投资项目建设要注重节约能源、土地等资源，注重保护生态环境，切实做到经济效益、社会效益、生态效益同步提升。

投资项目节约资源是建设资源节约型社会的重要内容。我国资源总量大、人均少，经济持续快速发展带来资源禀赋与消费失衡。抑制不合理资源消费，落实节约优先方针，把节约资源贯穿于投资项目实施的全过程，是构建资源节约型社会的基本要求。能源是现代经济增长的动力之源，是可持续发展和国家安全的重要物质基础。土地是人类生存发展之本，人多地少是我国基本国情。随着我国投资规模的快速扩大，越来越多的土地资源被用于城镇建设，一些地方存在粗放利用、建设用地低效闲置现象，一些地方新增建设用地接近或超过承载能力上限，土地已成为制约投资增长的重要因素之一。党的十八大以来，投资领域能源资源节约和高效利用取得明显成效，但与国际先进水平相比仍有很大差距。因此，投资项目应该严格控制用地、能耗水平，从源头上落实资源消耗总量和强度双控，努力减少投资项目对土地、能源等资源的消耗，切实提高资源利用的综合效益，推动建设资源节约型社会。

投资项目节约资源是保护生态环境的根本措施。我国投资经历多年的高速增长，现在资源约束加强，环境承载容量已逼近“天花板”。同时，我国经济进入高质量发展阶段，产业结构调整优化、经济转型升级任务艰巨，节能减排工作任务繁重。摒弃外延扩张的资源粗放利用模式，要以投资项目为重点，强化环境影响评价，严格执行“三同时”制度，减少投资对生态环境的破坏。

投资项目要践行绿色发展理念，加强全过程节约管理，在保证质量、进度、安全等基本要求的同时，最大限度地节约能源资源，提高资源利用效率，减少对生态环境的负面影响，实现节水、节能、节地、节材和生态环境保护。注重节约用水，把节水作为解决我国水资源短缺问题的根本之策放在优先位置，坚持以水定城、以水定地、以水定人、以水定产。注重节约集约用地，统筹做好工程占用耕地的占补平衡，降低土地资源消耗。注重降低能耗，在可行性研究报告和初步设计报告编制阶段，开展节能分析，明确工程项目在建设、运行、管理中的各项节能措施，并对节能措施和节能效果进行合理性评价，充分体现资源节约型社会建设要求。

第三节

必须坚持服务于国家重大战略

一、聚焦国家重大战略推进重大项目

习近平总书记指出，要坚持国家目标导向，自觉服从服务于国家重大战略需求，分类改革，精准施策，加强监管。[1]党的十八大以来，在以习近平同志为核心的党中央坚强领导下，我国坚定实施科教兴国战略、人才强国战略、创新驱动发展战略、乡村振兴战略、区域协调发展战略、可持续发展战略、军民融合发展战略等国

[1]《习近平主持召开中央全面深化改革委员会第七次会议强调 把稳方向突出实效全力攻坚 坚定不移推动落实重大改革举措》，《人民日报》2019年3月20日。

家重大战略，投资在推进实施国家重大战略中发挥着极其重要的作用。

坚定实施科教兴国战略，必须加大科技创新和人才培养领域投资力度，全面提高教育对经济社会发展的支撑能力。加大科技研发设施建设力度，高标准地建设一批综合性国家科学中心、国家实验室等重大科技基础设施、重大科学装置和研究平台，着力提升前瞻性基础研究、破解短板技术、攻克关键技术的能力和水平。持续加大教育软硬件设施建设投资力度，加快推动城乡义务教育一体化和基础教育优质均衡发展，大力发展职业教育和培训体系，不断推进高水平大学和重点学科建设，为提高劳动者素质、培养高素质人才队伍提供强大基础支撑。

坚定实施人才强国战略，培养造就一支具有强大支撑力的人才队伍，必须加大对各级各类学校及相关机构与设施的投资力度。强化人才培育基地建设，加快建设一批世界一流的科研院所和大学，依托重大科研和建设项目、重点学科和科研基地等，加大创新型人才培养力度。加强职业教育、继续教育与培训基地建设，大力培养各类实用技术专业人才。大力加强吸引高层次国际人才的科研设施项目和留学人员创业基地建设，大力引进国外人才。加强引人、留人的住房、医疗、子女教育等配套建设，促进人才资源合理流动和有效配置。

坚定实施创新驱动发展战略，必须面向世界科技前沿、经济主战场和国家重大需求，加大科技创新投入力度，启动实施一批重大科技项目和工程。加快建设一批支撑高水平创新的基础设施和平台，在重点领域布局建设一批具有国际水平、突出学科交叉和协同创新的国家实验室等战略创新基地，聚焦能源、生命、粒子物理等领域，加快建设上海张江、安徽合肥、北京怀柔等综合性科学中心。围绕新一代信息网络、智能绿色制造、现代农业、现代能源、现代交通、资源高效利用、健康卫生等领域，加强产业技术创新设施建设。

坚定实施乡村振兴战略，必须按照产业兴旺、生态宜居、乡风文明、治理有效、生活富裕的总要求，加快推进农业农村现代化进程。围绕夯实农业生产能力基础，加强农田水利建设，重点推进建设一批重大农业节水工程，提高粮食安全保障能力。围绕不断改善农村人居环境，加大农村突出环境问题综合治理投资力度，加强农村水环境治理和农村饮用水水源保护，积极推动农村生态清洁小流域建设。因地制宜推进城镇基础设施和公共服务向农村延伸，加大农村水电路气信等基础设施和教育、医疗卫生等公共服务设施建设力度，推动城乡基础设施互联互通，逐步推进城乡基本公共服务均等化。

坚定实施区域协调发展战略，必须加大基础设施和公共服务设施建设投资力度，增强区域发展协同性、拓展区域发展新空间，推进区域协调发展。高起点高水平建设快速、便捷、高效、安全、大容量、低成本的互联互通综合立体交通网络，加快推进沿海、沿江、沿边大通道建设，加强以跨区域跨流域为主的水利基础设施建设，推进以特高压电网为主的跨区域能源输送网络和新一代信息通信基础设施建设，加强区域间生态环境基础设施共建共享。加快促进产业跨区域转移和共建产业园区等合作平台建设，推进产业有序转移。加大落后地区重大公共服务设施建设力度，推动跨区域公共服务设施共建共享。

坚定实施可持续发展战略，必须加大节约资源和保护生态环境投资力度，促进经济社会可持续健康发展。加大科技创新投入力度，开展资源节约和循环综合利用的重大关键技术、共性技术攻关，扩大节约资源的先进设备、技术和工艺投资，加大传统产业改造升级投资，提高资源利用效率。加大生态建设和环境污染治理力度，扩大重点行业和领域环保设施投资，全面推进大气、水、土壤污染治理。

二、聚焦区域协调发展扩大有效投资

我国经济由高速增长阶段转向高质量发展阶段，对区域协调发展提出了新的要求。党的十八大以来，以习近平同志为核心的党中央实施京津冀协同发展、长江经济带发展、粤港澳大湾区建设、长江三角洲（以下简称长三角）区域一体化发展、海南全面深化改革开放、黄河流域生态保护和高质量发展等国家重大区域发展战略。深入贯彻落实习近平总书记关于投资的重要论述，要坚持以国家重大区域发展战略为引领，以西部、东北、中部、东部四大板块为基础，统筹发达地区和欠发达地区发展，发挥投资关键作用，不断扩大有效投资。

在京津冀协同发展方面，要加强城市群之间的交通基础设施建设，加快京津冀区域环境治理和生态建设；稳妥有序推进北京非首都功能疏解项目落地实施；高起点规划、高标准建设河北雄安新区，加快建设北京城市副中心，加快“微中心”建设，构建“多点一城”空间布局；加快张北地区、北三县（河北省三河、大厂、香河三县市）、天津滨海新区、天津港等重点区域建设，支撑相关规划政策落实。在长江经济带发展方面，要加强长江干支流污水排放及流域环境治理；大力推进长江防护林体系建设等生态保护修复工程，建设沿江绿色生态廊道；加强推进长江内河水运和沿江轨道交通建设，建设高质量综合立体交通走廊。在粤港澳大湾区建设方面，要加大基础设施互联互通建设投资力度，构建以高速铁路、城际铁路和高等级公路为主体的城际快速交通网络，强化珠江三角洲（以下简称珠三角）港口群国际竞争力提升和世界级机场群建设；加快推进信息、能源、水利等重大基础设施建设，加快形成衔接顺畅、运作高效的基础设施网络。在长三角一体化发展方面，要加快推进跨区域一体化基础设施建设，加快建设以高铁、城际铁路为主导的“轨道上的长三角”，加快推进长三角世界级机场群、以沿海沿江为主体的港口航道建设；加强区域电网和新能源基地建设，加快推进重大水利工程建设；加大污染防治和生态建设投资力度，加快建设长三角生态绿色一体化发展示范区；高标准建设上海自由贸易试验区新片区。在海南全面深化改革开放和自由贸易港建设方面，要聚焦“三区一中心”战略定位和旅游业、现代服务业、高新技术产业三大产业发展，加快补齐生态环保领域短板，积极推进重点产业平台建设；提升应对突发公共卫生事件等重大风险防范化解能力；加快推动交通、能源、水利等重大基础设施提质升级，提升公共服务和社会管理水平；适度超前布局5G网络、物联网、人工智能、数据中心等新型基础设施。在黄河流域生态保护和高质量发展方面，要加大生态环境保护建设投资力度，围绕推动三江源生态保护、沿黄生态廊道建设、黄河及支流水环境综合治理等，加快实施一批重大工程；大力推进水资源节约集约利用，加快实施农业节水增效、工业节水减排、城市节水降损、重点水源建设等重大项目建设。同时，要围绕改善民生、促进发展、保障安全，进一步加大革命老区、民族地区、边境地区、贫困地区等补短板工作力度，增强在保障国家安全、生态安全、边疆安全等方面的功能和作用。

三、聚焦关键领域和薄弱环节补短板强弱项

必须巩固拓展脱贫攻坚成果。围绕“三区三州”等深度贫困地区脱贫攻坚加大投资力度，在公益性基础设施、社会民生类公共服务设施以及能源、交通等重大基础设施、易地扶贫搬迁等项目上加大对深度贫困地区的倾斜力度。以乡村振兴为目标加大投资力度，加快补齐农村基础设施和基本公共服务短板，巩固脱贫攻坚成果，重点加强“三保障”工程建设，扎实推进农村饮水安全巩固提升、电网改造升级、人居环境整治等。

必须加快交通基础设施补短板。加强交通强国建设，重点以构建发达的快速网、完善的干线网、广泛的基础网和城乡区域交通协调发展为目标，持续加大交通基础设施投资力度。加强现代化高质量综合立体交通网络建设，加快构建多中心、网络化、强通达的快速大通道。适应城市群发展需要，加快推进以干线铁路、城际铁路为主导的城市群快速通道建设，构建便捷顺畅的城市群交通网。持续加大农村交通基础设施建设力度，全面推进“四好农村路”建设，强化老少边贫地区交通建设，加快推进农村交通基础设施网广覆盖。

必须强化农林水利补短板。加大农林水利补短板投资力度，大力实施乡村振兴战略，统筹加大高标准农田等农业基础设施建设力度，积极支持现代种业发展、动植物保护，促进提升农业综合生产能力，完善现代农业支撑体系。推进农村人居环境整治，实施农村厕所革命，推进农村生活垃圾分类和农村生活污水治理。统筹山水林田湖草整体保护、系统修复、综合治理，优化生态安全屏障体系，提高生态系统自我修复能力，推进形成生态保护和修复新格局。加快推进一批重大水利工程，继续实施中小河流治理、病险水库除险加固等防汛抗旱水利提升工程，进一步完善水利基础设施网络，整体提升水利防灾减灾能力。坚持节水优先，加强水资源合理配置，全面提升水安全保障能力。

必须着力民生领域补短板。持续加大投资力度，大力推进社会民生基础设施建设，促进社会民生事业全面升级。加大义务教育和普惠性学前教育建设力度，加强普通高中和高中等职业学校建设，推进优质教育资源均衡化建设。加强医疗卫生服务体系建设，重点加大基层医疗卫生服务体系建设投资力度，不断增强基层医疗卫生服务能力。加强养老、托育等领域设施建设，推动服务提供更加方便可及，助力缓解家庭后顾之忧。加快推进社会福利及残疾人服务设施建设，增强兜底保障能力。加强公共文化体育设施建设，重点加强公共文化服务设施、国家文化和自然遗产保护利用设施、社区健身设施、体育公园、公共运动场所等项目建设。

必须强化生态建设和环境保护。加大节能减排、生态建设和环境保护投资力度，加快推进美丽中国建设。大力实施重点区域综合治理工程、生态保护修复重大工程、天然林资源保护工程和重点防护林工程建设，加强重点流域水环境综合治理。持续推进城镇生活污水处理设施与污水收集管网和危险废物、污泥、生活垃圾处置设施以及重点区域大气污染综合治理建设。加快推进重点节能工程、循环经济和重点流域工业污染治理工程建设。

必须加快推进新型基础设施建设。面向高质量发展需要，加大投资力度，着力推进为产业转型升级提供数字转型、智能升级、融合创新服务的新型基础设施建设，加快推进基于新一代信息技术的信息基础设施建设。加大融合基础设施建设力度，加快推进传统基础设施的智能化、智慧化转型升级改造。大力推进创新基础设施建设，为科学研究与技术开发、产品研制提供强大支撑。

必须加快推进以人为核心的新型城镇化建设。加快推进县城城镇化建设，提升县城基础设施和公共服务设施水平。加快推进城市群基础设施“互联互通”和公共服务协同发展，增强城市圈人口吸纳能力。积极推进公共服务设施提标扩面，加强教育、医疗卫生、养老托育、文旅体育、社会福利、社区综合服务等公共服务设施和社区生活设施建设，不断提升城镇公共服务能力和水平。加快推进环境卫生设施提级扩能，重点加强县城、老城区垃圾无害化资源化处理、污水集中处理、县城公共厕所、公园绿地等环卫设施建设和改造，美化城镇宜居环境。加快推进市政公用设施提档升级改造，推进市政交通设施、市政（地下）管网设施、配送投递设施、防灾避难场所、老旧小区更新改造和市政设施智慧化改造，不断提升城市品质。

第四节

必须坚持服务于满足人民美好生活需要

一、要着力打赢脱贫攻坚战

党的十八大以来，以习近平同志为核心的党中央把脱贫攻坚摆到治国理政的重要位置，以前所未有的力度推进落实。习近平总书记高度关注脱贫攻坚工作，心系贫困百姓和贫困地区，多次深入基层开展实地调研，多次召集会议听取意见建议，多次作出重要批示指示进行全面部署，体现了对人民群众的真挚情感和共产党人的历史担当。

消除贫困、改善民生、实现共同富裕，是社会主义的本质要求。打赢脱贫攻坚战，是保障全体人民共享改革发展成果、实现共同富裕的重大举措，是体现中国特色社会主义制度优越性的重要标志。全面建成小康社会、实现第一个百年奋斗目标，最艰巨的任务在农村，特别是在贫困地区，现行标准下农村贫困人口全部脱贫是一个标志性指标。2020年是全面完成脱贫攻坚战的决胜之年，克服新冠肺炎疫情影响，凝心聚力打赢脱贫攻坚战，让贫困人口和贫困地区同全国一道进入全面小康社会，如期完成脱贫攻坚目标任务，是中国共产党作出的庄严承诺。

脱贫攻坚战进入最后的冲刺阶段。剩余脱贫攻坚任务艰巨，全国还有贫困县未摘帽、贫困村未出列、建档立卡贫困人口未全部脱贫，且都是贫中之贫、困中之困，是最难啃的硬骨头。新冠肺炎疫情带来新的挑战，贫困群众外出务工受阻，扶贫产品销售和产业扶贫困难，扶贫项目不能按计划推进，严重影响脱贫攻坚工程进展。巩固脱贫成果难度很大，已脱贫的地区和人口中，有的产业基础比较薄弱，有的产业项目同质化严重，有的就业不够稳定，有的政策性收入占比过高、持续脱贫面临较多困难和挑战等。

必须确保高质量完成脱贫攻坚目标任务。继续聚焦“三区三州”等深度贫困地区，落实脱贫攻坚方案，瞄准突出问题和薄弱环节狠抓政策落实，攻坚克难完成任务。努力克服疫情影响，分区分级精准防控，在重点搞好疫情防控的同时，创新工作方式，统筹推进疫情防控和脱贫攻坚。做好对因疫致贫返贫人口的帮扶，密切跟踪受疫情影响的贫困人口情况，及时落实好兜底保障等帮扶措施。多措并举巩固成果，对存在返贫风险和存在致贫风险人群实施针对性预防措施，加大就业扶贫力度、加大产业扶贫力度、加大易地扶贫搬迁后续扶持力度。保持脱贫攻坚政策稳定，严格落实摘帽不摘责任、摘帽不摘政策、摘帽不摘帮扶、摘帽不摘监管的要求，主要政策措施不能急刹车。对退出的贫困县、贫困村、贫困人口，要保持现有帮扶政策总体稳定，扶上马送一程。接续推进全面脱贫与乡村振兴有效衔接，脱贫摘帽不是终点，而是新生活、新奋斗的起点。要针对主要矛盾的变化，厘清工作思路，推动减贫战略和工作体系平稳转型，统筹纳入乡村振兴战略，建立长短结合、标本兼治的体制机制。

“其作始也简，其将毕也必巨。”脱贫攻坚越到最后越要紧绷这根弦，不能停顿、不能大意、不能放松。[1]

二、要加大民生重点领域支持力度

习近平总书记指出，要加快民生领域工作推进，加大对义务教育、基本医疗、住房和饮水安全、育幼养老等方面投入，解决好部分群众急迫的现实问题。[2]

[1]《习近平在决战决胜脱贫攻坚座谈会上强调 坚决克服新冠肺炎疫情影响 坚决夺取脱贫攻坚战全面胜利》，《人民日报》2020 年 3 月 7 日。

[2]《习近平主持召开中央财经委员会第四次会议强调 聚焦全面建成小康社会的短板弱项实施精准攻坚 勇于破题善于解题落实好中央经济工作会议精神》，《人民日报》2019 年 4 月 23 日。

必须推进教育现代化，不断提高各层级的教育水平。国家发展改革委安排中央预算内投资支持优质普惠学前教育资源扩容建设、义务教育学校建设、教育基础薄弱县普通高中建设、职业教育产教融合工程、中西部高校基础能力建设、世界一流大学和一流学科建设等，有力促进优质普惠学前教育资源扩容，加快城乡义务教育学校标准化建设，扩大普通高中培养能力，促进城乡基本公共教育服务均等化，有效推进人力资源供给侧结构性改革，深化职业教育、高等教育产教融合，加快世界一流大学和一流学科建设，增强教育对经济社会发展的服务、引领和支撑能力。

必须保障全民健康，改善人民群众的就医条件。国家发展改革委安排中央预算内投资主要支持健康扶贫、公共卫生服务能力提升、妇幼健康保障、疑难病症诊治能力提升、中医药传承创新、县级医院救治能力提升工程、区域医疗中心建设试点项目、公共卫生防控救治能力补短板等方面。全国医疗卫生服务体系“软硬件”得到进一步加强，进一步补齐基层医疗卫生短板，提高重大疫情防控能力，增加优质医疗服务供给，推动医疗卫生事业高质量发展，群众看病就医的可及性和便捷性得到有效改善。有效补齐基础医疗卫生短板，提高重大疫情防控能力，提升优质医疗水平。特别是新冠肺炎疫情暴发以后，国家发展改革委在抗击疫情的关键时期第一时间安排中央预算内投资支持雷神山、火神山、方舱医院等急需项目的设施建设，为打赢疫情防控的人民战争、总体战、阻击战作出了应有的贡献。

必须提升文化旅游质量，改善文化旅游服务水平。国家发展改革委安排中央预算内投资支持全国重点文物保护单位、历史文化名城和历史文化街区、国家级非物质文化遗产、国家自然遗产地、国家公园体制试点等国家文化和自然遗产保护利用设施建设。支持旅游公共服务保障设施、重点景区基础设施、红色旅游基础设施等旅游基础设施和公共服务设施建设。文化旅游融合发展提质增效，旅游产品和服务质量不断提升，供给总量和结构性矛盾有效缓解。重点旅游目的地的旅游基础设施和公共服务体系逐步健全，自然生态环境良好、文化科普功能完善的精品景区不断增加，全国红色旅游景点景区全面提升，爱国主义和革命传统教育功能不断增强，乡村旅游快速发展，乡村旅游重点村建设稳步推进。

必须增强社会服务兜底保障能力，提升人民群众的幸福感。国家发展改革委安排中央预算内投资支持儿童福利、县级未成年人保护、精神卫生福利、殡仪馆、公益性骨灰安放设施和火化设备环保改造，以及残疾人康复、托养和综合服务等设施建设。逐步形成功能完备、布局合理、服务便捷、保障有力的社会福利服务体系和特色鲜明、布局合理、方便可及的残疾人服务体系，社会服务水平不断提升。支持各地老年养护院、医养结合的养老设施、特困人员供养服务设施（敬老院）等设施建设，扩大兜底性养老服务供给；引导社会资本参与普惠养老城企联动专项行动，支持社区养老服务机构、失能失智养护机构、医养结合能力突出、内含老年大学等学习场所的养老服务机构建设，扩大普惠养老服务供给。

三、坚持“房住不炒”促进房地产市场平稳健康发展

习近平总书记指出，建立促进房地产市场平稳健康发展长效机制，要充分考虑到房地产市场特点，紧紧把握“房子是用来住的、不是用来炒的”的定位，深入研究短期和长期相结合的长效机制和基础性制度安排。[1] 住房问题既是民生问题也是发展问题，关系千家万户切身利益，关系人民群众安居乐业，关系经济社会发展全局，关系社会和谐稳定。建立和完善房地产市场平稳健康发展的长效机制，是解决当前房地产领域面临的各类问题、满足人民群众美好生活居住需要的重要调控手段。综合运用金融、土地、财税、投资、立法等手段，加快研究建立符合国情、适应市场规律的基础性制度和长效机制，既抑制房地产泡沫，又防止出现大起大落。

必须健全完善稳地价、稳房价、稳预期的长效管理调控机制，促进房地产市场平稳健康发展。自 2016 年底中央经济工作会议首

[1]《听取关于中央财经领导小组工作报告 研究推动落实经济领域重点工作》,《人民日报》2017 年 3 月 1 日。

次明确“房住不炒”的定位以来，各部门认真贯彻落实中央经济工作会议精神，强调要长期坚持“房住不炒”的定位，不把房地产作为短期刺激经济的手段，稳妥实施房地产市场平稳健康发展长效机制方案。各地方切实做好房地产市场调控工作，因城施策、精准施策、综合施策，合理引导预期，把地方政府稳地价、稳房价、稳预期的主体责任落到实处。当前房地产市场表现总体平稳，2019 年，按照党中央、国务院决策部署，稳妥实施房地产市场平稳健康发展长效机制方案，落实城市主体责任制，稳步推进“一城一策”试点，房地产调控取得积极成效。

必须加快建立完善多主体供给、多渠道保障、租购并举的住房制度，让全体人民住有所居。加快推进住房保障和供应体系建设，是满足群众基本住房需求、实现全体人民住有所居目标的重要任务，是促进社会公平正义、保证人民群众共享改革发展成果的必然要求。实行租购并举，培育和发展住房租赁市场，是深化住房制度改革的重要内容，是实现城镇居民住有所居目标的重要途径。要准确把握住房的居住属性，以满足新市民住房需求为主要出发点，以建立租购并举的住房制度为主要方向，以市场为主满足多层次需求，以政府为主提供基本保障，分类调控，金融、财税、土地、市场监管等多策并举，形成长远的制度安排。通过调整和优化中长期供给体系，实现房地产市场动态均衡。在这一方向下，各地加快制定实施住房发展规划，抓紧调整住房和用地供应结构，大力发展住房租赁市场特别是长期租赁市场。近年来，多地出台专门的加快培育和发展住房租赁市场的实施意见，多个城市出台发展住房租赁市场工作实施方案，建立住房租赁平台，供应主体多元、经营服务规范、租赁关系稳定的住房租赁市场体系正逐步形成，租购并举的城镇住房制度不断完善。

第五节

必须正确处理好政府投资与民间投资关系

一、充分激发民间投资活力

习近平总书记指出，使市场在资源配置中起决定性作用，是深化经济体制改革的主线。[1]深化投融资体制改革，要确立企业投资主体地位，平等对待各类投资主体，放宽放活社会投资。[2]要努力创造各类企业平等竞争、健康发展的市场环境。[3]

---

[1]《中央经济工作会议在北京举行》，《人民日报》2017 年 12 月 21 日。
[2]《习近平主持召开中央全面深化改革领导小组第二十二次会议强调 推动改革举措精准对焦协同发力 形成落实新发展理念的体制机制》，《人民日报》2016 年 3 月 23 日。
[3]《中共中央召开党外人士座谈会》，《人民日报》2016 年 7 月 27 日。

习近平总书记多次强调要坚持和完善社会主义基本经济制度，坚持“两个毫不动摇”，即“毫不动摇地巩固和发展公有制经济”和“毫不动摇地鼓励、支持和引导非公有制经济发展”。坚持“两个毫不动摇”，需要正确认识民营企业在我国社会发展中的重要作用，并充分肯定民间投资在我国投资领域的重要贡献。2018 年 11 月，习近平总书记在民营企业座谈会上发表了重要讲话，充分肯定了我国民营经济在改革开放以来的重要地位和作用，指出我国民营企业蓬勃发展，民营经济从小到大、由弱变强，在稳定增长、促进创新、增加就业、改善民生等方面发挥了重要作用，成为推动经济社会发展的重要力量。[1] 在 2019 年世界 500 强企业中，我国民营企业已占据 22 个席位。民营经济已成为推动我国发展的重要力量，民间投资已成为我国投资领域不可或缺的主要力量，为社会主义市场经济发展、政府职能转变、技术创新、农村富余劳动力转移、国际市场开拓等发挥了重要作用，并带动了创业、就业，成为国家税收的重要来源。自国家统计局 2012 年首次发布民间投资数据以来，民间投资占全社会固定资产投资的比重始终保持在 60% 左右，民间投资是投资的主要力量。

市场决定资源配置是市场经济的一般规律，市场经济本质上是市场决定资源配置的经济。党的十八大以来，党中央、国务院持续

[1]《习近平主持召开民营企业座谈会强调 毫不动摇鼓励支持引导非公有制经济发展 支持民营企业发展并走向更加广阔舞台》，《人民日报》2018 年 11 月 2 日。

深化投融资体制改革，部署出台了一系列有针对性的政策措施并开展了专项督查，推进土地、劳动力、资本要素配置市场化，落实企业投资主体地位成效显著，但民间投资增长仍面临着不少困难和障碍。特别是2020年突如其来的新冠肺炎疫情，严重冲击我国经济，很多民营企业面临着资金链断裂、经营停摆的困境。越是面临压力，越要保持定力，发挥市场在资源配置中的决定性作用，依靠市场机制提高经济效率和投资质量，用稳定的宏观经济政策稳住市场预期。

必须发挥好市场配置资源的决定性作用，激发民间投资活力，保证民营企业获得平等的市场参与身份。公有制经济和非公有制经济都是社会主义市场经济的重要组成部分，公有制经济财产权不可侵犯，非公有制经济财产权同样不可侵犯，应保护各种所有制经济产权和合法利益，坚持权利平等、机会平等、规则平等，废除对非公有制经济各种形式的不合理规定，消除生产要素获取等方面的隐性壁垒。要创造公平的市场竞争环境。健全以公平为核心原则的产权保护制度，加强对各种所有制经济组织和自然人财产权的保护，清理有违公平的法律法规条款，打破各种各样的“玻璃门”“弹簧门”“旋转门”。在市场准入、审批许可、经营运行、招投标等方面，为民营企业打造公平竞争环境，给民营企业发展创造充足市场空间。要最大限度地依靠市场，凡是市场能自主调节的就让市场调节。鼓励民营企业依法进入更多领域，引入非国有资本参与国有企业改革，在税收、金融领域健全完善市场机制，减轻企业税费负担，抓好供给侧结构性改革降成本行动各项工作，改革和完善金融机构监管考核和内部激励机制，扩大金融市场准入，拓宽民营企业融资途径，充分发挥市场调节作用，为民营企业“松绑”，更好激发民间投资活力和创造力。

二、更好发挥政府作用

习近平总书记指出，要更好发挥政府作用，更多从管理者转向服务者，为企业服务，为推动经济社会发展服务。[1] 更好发挥政府作用，不是要更多发挥政府作用，而是要在保证市场发挥决定性作用的前提下，管好那些市场管不了或管不好的事情。[2] 关键是加快转变政府职能，该放给市场和社会的权一定要放足、放到位，该政府管的事一定要管好、管到位，坚决扭转政府职能错位、越位、缺位现象。要深化行政审批制度改革，推进简政放权，深化权力清单、责任清单管理，同时要强化事中事后监管。[3]

政府投资作为一项重要政府职能，事关经济社会发展全局，既是实施宏观调控、落实国家发展战略的重要手段，也是引导和带动

[1]《谋求持久发展 共筑亚太梦想——在亚太经合组织工商领导人峰会开幕式上的演讲》，《人民日报》2014 年 11 月 10 日。

[2]《围绕贯彻党的十八届五中全会精神做好当前经济工作》（2015 年 12 月 18 日），《习近平关于社会主义经济建设论述摘编》，中央文献出版社 2017 年版，第 66 页。

[3]《习近平在参加上海代表团审议时强调 保持锐意创新勇气蓬勃向上朝气 加强深化改革开放措施系统集成》，《人民日报》2016 年 3 月 6 日。

社会资本扩大有效投资的有力抓手。新时代政府投资必须正确把握功能定位，更好发挥在稳增长、促改革、调结构、惠民生、防风险、保稳定以及补齐发展短板、优化供给结构、增强发展后劲等方面的关键作用。

必须合理确定政府投资范围，坚持有所为有所不为，确保政府投资聚焦重点、精准发力，坚决杜绝低效、浪费现象。政府投资应牢牢把握合理边界，不能越位，更不能与市场主体争利。政府投资资金应当投向市场不能有效配置资源的社会公益服务、公共基础设施、农业农村、生态环境保护、重大科技进步、社会管理、国家安全等公共领域的项目，以非经营性项目为主。政府投资应当进一步体现公共职能，发挥好政府投资对提高公共基础设施供给能力、优化公共产品供给结构等方面的作用，促进经济平稳健康可持续发展，满足人民日益增长的美好生活需要。

必须充分发挥政府投资引导带动作用，鼓励社会资金投向公共领域的项目。对于发展需要但成本和风险较高、盈利能力不足的领域，政府投资要带动社会投资，发挥政府和社会资本合作在成本风险共担、市场效率较高等方面的优势。对鼓励社会资本参与的生态环保、农林水利、市政基础设施、社会事业等重点领域，政府投资根据实际情况，通过投资补助、基金注资、贷款贴息等方式，充分发挥政府投资“四两拨千斤”的引导带动作用，引导鼓励社会资本参与重点领域建设。

必须正确处理好中央和地方的关系，按照中央地方事权划分合理安排政府投资。近年来，中央陆续出台了一系列中央地方事权划分政策举措，对正确处理好中央和地方关系提出了明确要求。中央投资要全力保障中央事权事项，积极支持中央地方共同事权事项。地方事权事项主要由地方政府投资保障。

第六节

必须坚持投资领域改革开放

一、坚持深化投融资体制改革

习近平总书记指出，改革开放只有进行时，没有完成时。[1] 推进国家治理体系和治理能力现代化，就要适应时代变化，既改革不适应实践发展要求的体制机制、法律法规，又不断构建新的体制机制、法律法规，使各方面制度更加科学、更加完善，实现党、国家、社会各项事务治理制度化、规范化、程序化。[2] 改革是循序渐

[1]《坚持历史唯物主义不断开辟当代中国马克思主义发展新境界》（2013 年 12 月 3 日），《求是》2020 年第 2 期。

[2]《切实把思想统一到党的十八届三中全会精神上来》（2013 年 11 月 12 日），《求是》2014 年第 1 期。

进的工作，既要敢于突破，又要一步一个脚印、稳扎稳打向前走，确保实现改革的目标任务。[1]

改革由问题倒逼而产生，又在不断解决问题中得以深化。近年来，各地方、各部门贯彻落实党中央、国务院部署，在持续深化投融资体制改革方面取得显著成效，但与高质量发展要求和人民群众的期盼相比，依然存在很大差距。改革进程中的矛盾只能用改革的办法来解决。新时代深化投融资体制改革，必须敢于啃硬骨头，敢于涉险滩，敢于向顽瘴痼疾开刀，以更大决心、更强力度、更实举措推进各项改革，才能为经济社会持续健康发展提供持久强劲动力。

处理好政府与市场的关系是投融资体制改革的关键。近年来，面对错综复杂的国际形势和国内经济下行压力，在以习近平同志为核心的党中央坚强领导下，我们始终保持战略定力，坚持不搞“大水漫灌”式强刺激，深入贯彻新发展理念，其中重要举措就是深化投融资体制改革，理顺政府和市场的关系，使市场在资源配置中起决定性作用，更好发挥政府作用。党的十八大以来，投融资体制改革正是由于持续推进要素配置市场化、落实企业投资主体地位，才有效激发了企业投资活力和社会创造力。近年来，企业投资已占全社会固定资产投资总额的95%左右。投融资体制改革强调市场在

[1]《习近平在省部级主要领导干部学习贯彻十八届三中全会精神全面深化改革专题研讨班开班式上发表重要讲话强调 完善和发展中国特色社会主义制度 推进国家治理体系和治理能力现代化》，《人民日报》2014年2月18日。

资源配置中起决定性作用，并不是说政府就无所作为，而是必须坚持有所为、有所不为，着力提高宏观调控和科学管理水平。凡属市场不能有效发挥作用的，政府要主动补位，打通堵点，连接断点，加强要素保障，特别是要注意简政放权和加强监管同步推进，权力要下去，标准要定好，监管要上来。总之，深化投融资体制改革，既要遵循市场规律、善用市场机制解决问题，又要让政府勇担责任、干好自己该干的事，“看不见的手”和“看得见的手”都要发挥作用。

必须用法治巩固和深化投融资体制改革成果。法治具有固根本、稳预期、利长远的作用。市场经济本质上是法治经济。在推进投融资体制改革过程中，始终高度重视运用法治思维和法治方式，发挥法治的引领和推动作用，确保在法治轨道上推进各项改革。近年来出台的《企业投资项目核准和备案管理条例》《机关团体建设楼堂馆所管理条例》《政府投资条例》，既是巩固和深化投融资体制改革的重要制度性成果，同时对于保障企业投资主体地位，推动政府转变投资管理职能，优化投资管理和服务也发挥了重要促进作用。实践证明，只有通过法治化手段持续推进投融资体制改革，建立健全符合市场经济规则和治理能力现代化要求的投资管理体系，做到规则公开透明、监管公平公正，才能给投资主体以稳定预期，把市场主体发展动力更好转化为经济发展的新动能。

必须坚持改革的系统性、整体性、协同性。当前，改革已经进入攻坚期和深水区，各项改革之间具有很强的耦合性和关联性。注重系统性、整体性、协同性是全面深化改革的内在要求，也应该成为深化投融资体制改革应当坚持的科学方法论。投融资体制改革作为经济体制改革的重点和难点，牵一发而动全身，必须放在经济社会体制改革框架下加以审视，注意厘清投资领域各项改革举措的逻辑关系，既要在简政放权上做文章，又要在创新投资监管上破难题。坚持整体推进的同时，更要注重抓重要领域和关键环节。特别是要强化改革协同，促进投融资体制改革与其他领域的改革举措在政策取向上相互配合、在实施过程中相互促进、在改革成效上相得益彰。近年来，深化投融资体制改革注重与财税、金融、价格、土地、国有企业等其他领域改革有机衔接、协同推进，坚持激发企业投资活力与改进投资监督管理两端发力，打出了一系列改革“组合拳”，形成叠加效应，充分释放改革红利，提高了改革的整体效益，为促进经济社会健康可持续发展提供重要动力支撑。

二、坚持投资领域对外开放

党的十八大以来，以习近平同志为核心的党中央坚持全方位对外开放不动摇，不断推动贸易及投资自由便利化，放宽外商投资准入限制，加快金融等服务业对外开放，不断加强与周边国家和地区的合作，加快推进实施“一带一路”倡议和“走出去”战略。

在利用外资方面，习近平主席指出，中国将越来越开放，中国利用外资的政策不会变，对外商投资企业合法权益的保障不会变，为各国企业在华投资兴业提供更好服务的方向不会变。[1]

《中华人民共和国外商投资法》（以下简称《外商投资法》）及配套法规于2020年全面实施，突出开放主基调，明确国家坚持对外开放的基本国策，实行高水平投资自由化便利化政策。强调内外资企业一视同仁、公平竞争，在政策适用、政府采购、标准制定、行政审批等领域提出具体要求。《外商投资法》及其配套法规的实施将为外商投资权益提供更全面、更有力的法治保障。

外商投资政策环境不断完善。近年来《国务院关于扩大对外开放积极利用外资若干措施的通知》等一系列重要政策文件陆续出台，在产业、科技、竞争、税收、招商、人才等各方面优化外商投资政策，改善外商投资环境。外商投资管理体制改革不断深化。2014年外商投资项目由全面核准改变为普遍备案、有限核准的管理方式，大幅下放管理权限、简化管理程序。99%以上的外商投资项目实行属地化在线备案管理，并且为告知性备案管理。外商投资企业设立审批备案制度取消，内外资企业设立制度的统一减轻了外商投资企业负担。外商投资安全审查制度逐步完善，在扩大开放的同时维护国家安全。

在对外投资合作方面，不断深化涉外投资管理改革，健全"走出去"政策体系框架，为我国企业国际投资提供更加便利化的环境

[1]《习近平同出席博鳌亚洲论坛年会的中外企业家代表座谈》，《人民日报》2015年3月30日。

和强有力的政策保障。党的十八大以来，我国对外投资规模稳中有进、结构日益优化、管理服务体系不断健全、效益逐步显现，有力促进我国和东道国共同发展。

境外投资效益逐步显现。境外投资是我国与世界各国实现合作共赢、共同发展的重要方式。对于我国企业而言，开展境外投资有利于其在开放合作中提升自身技术水平和管理能力、拓展全球经营网络、提升国际竞争力。对于东道国而言，中国投资带来了资本、技术、就业和税收，加快了当地工业化和城镇化进程，促进了当地经济发展和民生改善。

第三章

党的十八大以来贯彻习近平总书记关于投资重要论述取得积极成效

党的十八大以来，各地方、各部门深入贯彻习近平总书记关于投资重要论述，积极采取有效措施，重点投资领域建设成效显著，投融资体制改革和促进民间投资发展取得积极进展。

第一节

投资领域主要政策措施

党的十八大以来，投资工作坚持以习近平新时代中国特色社会主义思想为指导，全面贯彻党的十八大、十九大和十九届二中、三中、四中全会精神，认真对标对表习近平总书记重要批示指示精神，对标对表党中央、国务院决策部署，对标对表中央经济工作会议和《政府工作报告》要求，坚持以供给侧结构性改革为主线，深入贯彻新发展理念，落实高质量发展要求，加大基础设施等重点领域补短板力度，积极稳定有效投资，发挥投资关键作用，取得积极成效，我国固定资产投资保持稳定增长，对国民经济持续健康发展发挥了重要支持作用。

一、加大基础设施补短板力度，积极稳定有效投资

加大补短板力度，推进供给侧结构性改革。2016年，制定出台在关键领域和薄弱环节加大补短板力度的工作方案，明确了补短板的基本原则、主要目标、主要任务和配套政策措施等，为供给侧结构性改革“三去一降一补”中的“补”作出顶层设计。布置各地方和有关单位，研究制定完善各重点领域补短板实施方案，并抓好贯彻落实。

2018年国务院办公厅印发《关于保持基础设施领域补短板力度的指导意见》，进一步明确了当前和今后一段时期补短板重点领域，提出了相关政策措施，进一步细化完善相关政策措施，推进基础设施领域补短板，促进形成强大国内市场。

加强重大项目用地保障，加快推动国家重大项目落地实施。国家发展改革委、自然资源部联合向各地方和有关部门发出通知，组织梳理提供国家重大项目清单，并明确了纳入国家重大项目清单的条件。自然资源部按照“要素跟着项目走”的原则，加大对国家重大项目建设用地保障力度，进一步提高审批效率，确保项目尽快落地。

加强重大项目储备，加快重点领域项目开工建设。国家发展改革委组织各地方和有关部门围绕重大战略规划部署，充分运用国家重大建设项目库，按照近期、中期、长期三类，着力加强重大项目

储备工作。特别是对有利于结构调整、推动高质量发展和提升国家整体竞争力的重大项目，要求各地方抓住时机、积极推动。持续推进项目前期工作，推动加快项目开工建设。

进一步加强督促检查，督促有关部门和各地方积极做好补短板、稳投资各项工作。在各方面共同努力下，补短板各重点领域任务顺利推进，软硬补短板同步加强。

二、深入推进投融资体制改革

积极推动投资主体多元化。持续放宽生态环保、农业水利、市政基础设施、社会事业等重点领域准入。建立完善市场准入负面清单制度，推动市场“非禁即入”。持续放宽外资准入，多次修订鼓励外商投资产业目录等，降低外商投资准入限制。完善股票、债券、保险等多样化市场融资渠道，充分发挥开发性、政策性金融机构作用，探索创新市场化融资方式。

落实企业投资主体地位。最大限度缩减政府核准的项目目录范围。建立企业投资项目告知性备案管理制度。全面取消属于企业经营自主权的核准前置审查事项。牵头组织有关部门清理报建审批事项。建立前置精简、报建并联的新型审批流程。建立统一的项目代码制度，制定统一的投资审批事项和申报材料清单并实行动态管理。指导地方深化投资项目承诺制改革。

严格政府投资管理。加强政府投资法治化建设，推动出台《政府投资条例》。加强政府投资年度计划和政府投资概算管理等。规范政府资金安排方式，对严格落实中央预算内投资资金安排方式等提出要求。2015年、2017年两次下放中央审批的水利领域项目、交通领域项目审批权限。严格党政机关办公用房管理。

推动项目建设实施的市场化、规范化。推进建设实施领域简政放权，简化工程建设企业资质申报材料和环节；简化建筑企业资质标准指标。创新项目建设实施模式，积极推行工程总承包模式；推动建设实施活动的信息化水平。加强项目质量安全管理，建立工程质量责任终身制；开展工程质量安全提升行动。完善工程建设标准规范体系。

创新政府服务管理方式。建设应用全国投资项目在线审批监管平台。建立固定资产投资运行监测机制，为各类投资者自主决策投资方向提供支持。探索政府“主动服务”方式，开展投资堵点治理专项行动；推行“区域评估”“代办制”等。完善以政策引导为主的间接调控机制，通过规划、产业结构调整指导目录等，为各类投资活动提供依据和指导。制定企业投资项目事中事后监管办法，明确部门、地方政府监管职责。

深化工程咨询行业改革。取消注册咨询工程师（投资）执业资格认定、工程咨询单位资格认定、中央投资项目和工程建设项目等招标代理机构资格认定、建设项目环境影响评价资质认定等。加强行业自律和信用管理，建立行业自律性质的资信评价制度。相继发布《国家发展改革委投资咨询评估管理办法》《关于推进全过程工程咨询服务发展的指导意见》《房屋建筑和市政基础设施项目工程总承包管理办法》等。放开除政府投资项目及政府委托服务以外的建设项目前期工作咨询、工程勘察设计、招标代理、工程监理等4项服务收费标准，实行市场调节价。

推动投资领域法治化建设。完善投资管理行政法规体系，相继推动出台《中共中央 国务院关于深化投融资体制改革的意见》《企业投资项目核准和备案管理条例》《政府投资条例》《机关团体建设楼堂馆所管理条例》。完善配套制度体系建设，相继制定了4件部门规章、5件规范性文件、10余部政策措施，促进投资项目管理更加规范有序。有关部门积极加强其他资源要素、建设条件等领域制度建设。

三、大力推进脱贫攻坚工程

进一步加大贫困地区中央投资支持力度。统筹安排相关领域投资计划，进一步加大贫困地区中央投资支持力度，减轻贫困地区地方投资压力。全力保障易地扶贫搬迁投资需求。对于贫困地区特别是深度贫困地区密切相关的重大水利、农田基础设施、教育现代化等工程建设，逐年加大中央投资支持力度。

积极落实中央关于取消贫困地区县级和西部连片特困地区地市级投资的政策和要求。严格要求并督促省级政府切实承担地方投资责任，取消贫困地区县级和西部连片特困地区地市级建设资金。在下达投资计划时，强调地方投资主要由省级落实，或明确省市两级政府投资比例。扎实推进定点扶贫工作。

四、进一步加强中央预算内投资管理

进一步调整优化中央预算内投资结构。深入贯彻落实党中央、国务院决策部署，进一步调整优化中央预算内投资结构，集中力量办大事、难事、急事，有所为、有所不为，有所先为快为、有所后为慢为，充分发挥中央预算内投资引导带动作用。

进一步健全完善中央预算内投资管理制度。制定印发了《中央预算内投资补助和贴息项目管理办法》《中央预算内投资计划编制管理暂行办法》等，不断完善中央预算内投资管理制度。研究制定了中央预算内投资各专项管理办法，明确各专项支持范围、项目申报、计划下达和监督检查等各环节工作要求。

切实加快投资计划下达和执行进度。早安排、早部署、早下达，不断加快计划下达执行进度。每年及早部署下一年中央预算内投资计划编制工作，计划编制周期不断提前。组织各有关方面抓紧编制投资计划草案，具备条件的及早下达。督促有关部门和地方加快投资计划分解和转发，推动项目及时开工建设，尽快形成实物工作量。

加强中央预算内投资事中事后监管。组织依托国家重大建设项目库，开展中央预算内投资项目在线监测和按月调度。督促指导地方加强项目和资金管理，规范项目建设行为，提高项目建设质量和资金使用效益。

做好中央预算内投资审计、督查相关工作。自觉接受审计、督查等方面监督，组织对审计、督查指出的问题及时整改，努力做到立行立改、即知即改、不留死角。加强中央预算内投资绩效管理，结合投资管理实际落实绩效管理工作，将绩效管理工作进一步做实做细。

五、抓紧做好地方政府专项债券项目准备工作

部署地方做好专项债券项目准备工作。国家发展改革委与财政部联合要求地方有关部门，加快发行使用地方政府专项债券，推动项目开工建设，更好发挥有效投资拉动作用。布置地方抓紧梳理新增专项债券项目资金需求，要求各地方加强配合，加快建立项目安排协调机制，共同做好专项债券工作。

研究提出专项债券投向范围。根据经济形势和应对疫情冲击需要，及时提出扩大专项债券规模。用于支持政府主导、早晚都要干、有一定收益的基础设施和公共服务项目建设。明确专项债券不得用于置换债务，不得用于可完全商业化运作的产业项目。为充分发挥专项债券拉动作用，更多地吸引银行贷款等社会资金投入，发挥好引导带动作用，明确专项债券可用作部分领域项目资本金。

组织筛选形成专项债券准备项目清单。组织各地方发展改革部

门会同有关方面，周密部署、迅速行动，坚决落实“资金跟着项目走”的要求，精准聚焦交通基础设施等领域，梳理形成了发行使用专项债券的准备项目清单。积极协调做好债券发行等工作，尽快将专项债券落实到具体项目。

建立滚动接续的项目准备工作机制。持续抓好专项债券项目储备，及时把符合条件的项目补充到国家重大建设项目库。对入库项目抓紧做好各项准备工作，推动储备项目尽快转化为实施项目，形成储备一批、安排一批、建设一批、竣工投产一批的良性循环。

六、促进民间投资持续健康发展

推进创新体制机制，吸引民间资本进入。2014 年 11 月，国务院印发《关于创新重点领域投融资机制鼓励社会投资的指导意见》，选择生态环保、农业水利、市政、交通、能源、信息、社会事业等领域，重点就吸引社会资本特别是民间资本参与，提出了一系列改革措施。2018 年 10 月，进一步要求充分发挥市场配置资源的决定性作用，积极鼓励民间资本参与补短板项目建设，调动各类市场主体的积极性、创造性。

细化政策措施，增强民营企业政策获得感。2017 年 9 月，国务院办公厅印发《关于进一步激发民间有效投资活力促进经济持续健康发展的指导意见》，从支持民间投资创新发展、降低企业经营成本、构建亲清新型政商关系等 10 个方面提出措施。2018 年 8

月，国家发展改革委进一步出台相关政策，从建立本地区促进民间投资健康发展工作机制等 9 个方面提出工作要求。

加快打造市场化、法治化、国际化营商环境。2019 年底，中共中央、国务院印发《关于营造更好发展环境支持民营企业改革发展的意见》，从优化公平竞争的市场环境等 7 个方面提出了具体意见。2020 年起正式实施《优化营商环境条例》，针对我国营商环境的突出短板和市场主体反映强烈的痛点难点堵点问题，对标国际先进水平，从完善体制机制的层面作出相应规定。

推动建立向民间资本推介项目长效机制。落实政府工作报告要求，推动各地积极向民间资本推介项目，明确支持措施、做好相关服务，促进项目落地实施。依托全国投资项目在线审批监管平台，推动各地常态化公开推介有吸引力的重点领域项目，吸引民间资本参与。截至 2020 年 5 月，各地推介项目超过 7 000 个，其中，超过 1 500 个项目已签约落地。

强化顶层设计，健全 PPP 制度体系。国家发展改革委等部门出台基础设施和公用事业特许经营管理办法，出台依法依规加强 PPP 项目投资和建设管理等政策文件，在国家层面建立 PPP 项目统一制度规范，明确了项目储备、项目论证、社会资本方选择、项目执行等覆盖 PPP 项目全生命周期的操作流程和实施导则，进一步推动 PPP 模式规范有序发展。

完善政策措施，鼓励民间资本参与 PPP 项目建设。2015 年、2016 年，国家发展改革委、全国工商联两次联合召开民营企业PPP项目推介会，向民营企业着重推介重点项目。2017年11月，国家发展改革委出台鼓励民间资本参与政府和社会资本合作（PPP）项目的指导意见，从分类施策支持民间资本参与PPP项目、科学合理设定社会资本方选择标准等方面，提出了有针对性的政策措施。2017年7月，国家发展改革委出台加快运用PPP模式盘活基础设施存量资产的政策措施，推动运用PPP模式，规范有序盘活优质存量资产，培育丰富的民间投资机会。

七、积极加大投资工作力度应对疫情影响

部署做好推进重大项目建设和稳投资各项工作。国务院召开推进重大项目建设、积极做好稳投资工作电视电话会议，要求坚持外防输入、内防反弹，在全面做好防范新冠肺炎疫情工作的基础上，有力有序推进复工复产，恢复经济社会秩序。切实增强责任感、紧迫感，始终坚持问题导向，有效解决推进重大项目建设面临的瓶颈制约，发挥好有效投资在稳增长中的关键作用。

针对疫情暴露出的短板弱项加大支持力度。调整优化政府各类投资结构，加大公共卫生领域支持力度，加强传染病救治能力、县级医院应急救治设施、疾病预防控制体系、口岸一线卫生检疫检验能力等建设。加强应急物资储备体系建设，在重点区域、重要节点新建或改扩建应急物资储备库，强化县域应急物流设施建设。加大对城镇污水和垃圾、医疗废物和危险废物、供排水供气供热管网等

市政公用和环境基础设施支持力度。

督促加快重大项目开复工进度。为督促加快项目开复工进度，建立重大项目开复工情况日调度机制，要求各地方按日报送重点工程和重大项目开复工情况，督促项目及时开工建设。部署各地方在确保疫情防控到位的前提下，组建工作专班，加快推进重大项目建设，积极做好稳投资工作。

紧急安排中央预算内投资支持湖北等地公共卫生建设。为支持湖北省做好疫情防控，紧急安排中央预算内投资，支持武汉市雷神山、火神山医院建设和方舱医院完善设施、增添必要的医疗设备，增强方舱医院收治能力。同时，抓紧下达中央预算内投资计划，支持重大项目和重点领域建设，推动投资早日企稳回升，统筹推进疫情防控和经济社会发展工作。

部署加强投资项目远程审批服务和监测调度。加强投资项目远程审批服务，保障疫情防控期间项目办理工作。制定疫情防控期间投资项目开工建设信息在线报送和远程监测调度指南。部署各地依托全国投资项目在线审批监管平台，加强投资项目远程审批服务和监测调度，确保工作不停摆、服务不断档。

出台帮扶服务业小微企业和个体工商户缓解房租压力的政策。经报请国务院同意，国家发展改革委等 8 部门联合出台应对新冠肺炎疫情、进一步帮扶服务业小微企业和个体工商户缓解房屋租金压力的政策措施，实施房屋租金减免，完善财税优惠政策，加大金融支持力度，稳定房屋租赁市场等。

八、充分运用信息化手段加强事中事后监管

大力推进全国投资项目在线审批监管平台应用。建成了覆盖全国、四级联网的全国投资项目在线审批监管平台，实现了投资项目“平台受理、在线办理、限时办结、依法监管、全程监察”。17个部门联合布置，进一步完善固定资产投资项目代码制度、加强项目代码管理和应用工作。

加强国家重大建设项目库建设和应用。持续完善重大项目库相关功能，创新培训方式，依托重大项目库加强重大建设项目在线监测，加大事中事后监管力度。出台国家重大建设项目库运行管理暂行办法，进一步明确重大项目库各使用方在数据审核、更新、调度等方面的职责，加强重大建设项目调度，保障重大建设项目落地生效。

推进重大建设项目信息公开。进一步拓宽公开渠道，在全国投资项目在线审批监管平台、国家发展改革委门户网站等，对国家发展改革委审批的重大建设项目的批准服务和批准结果等信息进行公开。出台重大建设项目领域基层政务公开标准指引，对重大建设项目公开事项和内容进一步清单化、目录化，不断推动政府政务公开，提升监管水平。

加快推进重大工程包建设。国家发展改革委陆续推出了十一大类重大工程包，充分发挥部门联动作用，加大力度、加快进度、每

月调度，加快推进重大工程包建设，督促重大工程项目加快建设。协调各地方和有关方面，结合本地区、本领域重大工程调度工作特点，实施“一地一策”“一包一策”，做到分类精准调度。制定加强和完善重大工程调度工作暂行办法，规范调度工作程序。

九、加强投资监测分析和投融资创新

加强投资运行形势监测分析。为深入贯彻落实党中央、国务院决策部署，国家发展改革委按月开展投资形势分析，每季度开展投资形势调研，研究提出扩大有效投资的政策建议。积极开展苗头性、倾向性、潜在性“三性问题”分析研判，未雨绸缪、提前谋划，有针对性提出政策措施建议，充分发挥好“参谋助手”作用。

进一步加强重点领域投资形势分析。加强制造业投资形势、民间投资、房地产市场等实地调研，研究提出有针对性的政策措施建议。在制定投资管理政策时，及时将实效性好、操作性强的政策措施建议转化为有关政策制度，推动各重点领域投资稳定增长。

加强投融资领域课题研究。开展关键领域和薄弱环节加大补短板工作力度的研究、政府投资管理体制研究、民间资本参与基础设施补短板项目建设研究、城镇基础设施精准补短板研究等，调动高等院校、研究机构和咨询机构，积极开展投融资领域课题研究，为投资工作提供新的思路和建议。

研究运用基础设施领域不动产投资信托基金（REITs）盘活存量资产。国家发展改革委会同证监会等有关方面，针对运用基础设施REITs盘活基础设施存量资产开展深入调研。国家发展改革委与证监会联合布置推进基础设施REITs试点相关工作。

积极主动做好政银企社合作对接。国家发展改革委主动与银行、保险、基金等金融机构以及全国工商联建立了政银企社合作对接机制，为资金找项目、为项目找资金，强化投资项目资金保障。国家发展改革委联合银监会出台了银行业支持重大工程建设的指导意见，联合保监会出台了保险业支持重大工程建设有关事项的指导意见，着力打通金融资金流向实体经济的渠道。

十、积极推进利用外资和对外投资

党的十八大以来，我国利用外资以制度创新为核心，不断优化外商投资政策体系，积极吸引外商投资。

2013年，国务院宣布成立上海自贸试验区，探索制定首张外商投资准入负面清单，负面清单之外实行备案管理。此后，相继成立广东、天津等18个自贸试验区，自贸试验区负面清单限制措施从2013年的190项逐渐缩减至2020年的30项。2017年，我国首次提出在全国范围内实施的外商投资准入负面清单，2018—2020年按照只做减法、不做加法的原则进行三次修订，外商投资准入限制措施从2017年的63项缩减至2020年的33项，大幅放宽市场准入。2019 年，《外商投资法》取代“三资企业法”成为我国利用外资的基础性法律，奠定了新时代外商投资促进、保护、管理的基本制度，强调内外资企业公平竞争，为外商投资权益提供更全面、更有力的法治保障。2019 年 12 月出台的《中华人民共和国外商投资法实施条例》对《外商投资法》作了细化，增强了可操作性。2020 年 1 月 1 日起，以《外商投资法》为基础的新法律体系开始实施。

2014 年境外投资管理由逐项核准改为备案为主、核准为辅。2017 年底，颁布《企业境外投资管理办法》，统筹推出取消项目信息报告制度等 8 项改革，进一步完善境外投资管理流程。简化境外投资外汇管理手续，取消外汇风险审查制度，简化外汇资金来源审查制度，在额度范围内允许企业购汇进行境外投资，境外企业产生的利润不再强制要求调回境内。与全球 100 多个国家（地区）签署了避免双重征税的协定。优化对企业“走出去”的资金支持和金融服务。建立“走出去”公共服务平台，为企业开展“走出去”提供政策咨询、业务办理、信息共享等公共服务。继续推动中美、中欧双边投资协定谈判，大力推进与东亚、东南亚国家之间的自贸区建设，深度参与国际贸易规则修订，为对外投资合作创造更为有利的外部环境。

十一、防范化解投资领域重大风险

进一步做好基础设施等项目风险防控工作。坚决打好防范化解重大风险攻坚战，推动重大项目顺利实施，进一步加强基础设施等项目风险防控，认真抓好项目选址风险、投资风险、工程技术风险和其他风险防控工作，加强组织领导，严格依法履职，强化风险处置，持续提高项目建设的质量效益。

防范化解地方政府隐性债务风险。要求各地方按照尽力而为、量力而行的原则，充分考虑地方政府财政承受能力，持续加强投资项目审核和资金安排管理，切实防范地方政府隐性债务风险，坚决不搞“大水漫灌”式的强刺激。

严格履行项目建设程序。要求投资项目严格落实《政府投资条例》《企业投资项目核准和备案管理条例》等规定，严格执行建设项目规划选址、用地、环评、审批（核准、备案）、施工许可、竣工验收等各项建设程序，确保项目严格按照建设程序和标准规范实施，坚决防止“未批先建”等情况，确保项目安全顺利实施。

第二节

重点投资领域建设成效显著

一、脱贫攻坚

党的十八大以来，习近平总书记亲自谋划、亲自部署、亲自推进，脱贫攻坚工作取得举世瞩目的成绩。贫困群众收入水平大幅度提高，贫困地区基本生产生活条件明显改善，贫困地区经济社会发展明显加快。脱贫攻坚成果得到国际社会普遍认可，彰显了习近平新时代中国特色社会主义思想的科学性，彰显了中国共产党领导和我国社会主义制度的政治优势。

抓好“十三五”易地扶贫搬迁规划实施，着力打造脱贫攻坚标志性工程。2015 年底脱贫攻坚战打响以来，中央预算内投资始终把易地扶贫搬迁作为年度安排重点予以确保，推动新时期易地扶贫搬迁工作取得决定性进展。坚持系统谋划推进，搭建“四梁八柱”政策制度体系。制定“十三五”时期易地扶贫搬迁工作方案、全国“十三五”易地扶贫搬迁规划，指导各地陆续出台本地区“十三五”易地扶贫搬迁规划和各项配套政策，形成了中央、省、市、县自上而下的规划和政策体系。坚持各方齐抓共管，凝聚易地扶贫搬迁的工作合力。国家发展改革委、国务院扶贫办、财政部、自然资源部、人民银行等部门和单位，按照职责分工分别做好规划编制、任务下达、对象识别、资金落实、土地金融支持政策落实等工作。同时，加强对地方政府的督促指导，交流经验、查摆问题，推广典型、部署工作。坚持创新筹资方式，为工程项目建设提供充足“弹药”。加大中央预算内投资对易地扶贫搬迁的支持力度，提高建档立卡贫困户人均建房投资补助标准，“十三五”期间累计支持约 960 万建档立卡贫困人口安置住房建设。同时，充分发挥中央预算内投资的撬动作用，积极拓宽筹资渠道。易地扶贫搬迁工作进入全面收尾阶段，注重坚持脱贫目标导向，推动工作重心向后续扶持转移。2019 年 6 月出台进一步加大易地扶贫搬迁后续扶持工作力度的指导意见，明确 8 个方面重点工作任务。制定出台 2020 年易地扶贫搬迁后续扶持若干政策措施，从完善安置区配套设施、加强产业培育和就业帮扶、加强社区管理、保障搬迁群众合法权益等 6 个方面，明确了 25 项具体支持政策。坚持严格纠错纠偏，充分发挥监管巡查“利剑”作用。一方面，盯紧政策“红线”“标线”“底线”，不断完善事中事后监管巡查工作机制。另一方面，通过通报、约谈等手段，督促指导地方深化问题整改，确保政策执行不走偏、工作落实不走样。总的来看，全国易地扶贫搬迁工作进展顺利、态势良好，取得了决定性进展。截至 2020 年 6 月底，全国共建成集中安置区约 3.5 万个，建成安置住房 266 万多套，全国“十三五”易地扶贫搬迁建设任务全部完成，建档立卡贫困人口基本实现全部入住。各地立足安置地区资源禀赋和优势，因户因人施策，促进搬迁群众增收，在有劳动力的贫困搬迁家庭中，已有超过 90% 的家庭实现至少一人就业。截至 2019 年底，已有 920 万搬迁群众实现脱贫，脱贫率达 96%，其余搬迁人口脱贫认定工作将由扶贫部门于 2020 年底完成。

加大政策资金项目支持力度，着力补齐贫困地区基础设施和基本公共服务设施短板。严格贯彻落实国家在贫困地区安排的公益性建设项目取消县级和西部连片特困地区地市级配套资金政策，持续加大对贫困地区的投入力度，切实加强扶贫项目和资金监管，有力推动了贫困地区公益性项目建设。此外，针对深度贫困地区，深入实施加大深度贫困地区支持力度，推动解决区域性整体贫困的行动方案，推动新增资金、新增项目、新增举措进一步向深度贫困地区倾斜，明确要求有关省（区、市）按照中央“三个新增”要求，进一步优化调整投资结构，加快重大项目审核备案进度，优先安排重大工程和重大项目。

大力实施以工代赈，促进贫困群众就地就近就业。党的十八大以来，特别是脱贫攻坚战打响以来，进一步加大以工代赈投入力度，完善政策措施，充分发挥以工代赈政策作用，助力脱贫攻坚。政策完善方面，及时修订国家以工代赈管理办法，出台实施全国“十三五”以工代赈工作方案和进一步发挥以工代赈政策作用、助力打赢脱贫攻坚战的指导意见，推动以工代赈进一步聚焦贫困地区和贫困人口。资金安排方面，“十三五”以来，每年在中央预算内投资和中央财政专项扶贫资金中安排资金，重点投向“三区三州”等深度贫困地区。同时，督促有关省（区、市）及时分解落实到具体项目，加快推进项目开工建设，广泛组织贫困群众特别是受疫情影响滞留贫困劳动力在家门口实现就业。拓展赈济方面，出台在贫困县统筹整合使用财政涉农资金工作中大力推广以工代赈方式的政策措施，启动实施以工代赈巩固脱贫攻坚成果衔接乡村振兴战略试点工作。

以解决“两不愁三保障”突出问题为重点，切实增进贫困群众民生福祉。义务教育保障方面，实施教育现代化推进工程，采取对“三区三州”相对独立测算并实行单列等方式加大支持力度。加大对易地扶贫搬迁安置点配套学校建设的倾斜支持，提高中央预算内投资补助限额，解决好搬迁群众子女就近入学问题。基本医疗保障方面，安排中央预算内投资支持贫困地区医疗卫生项目建设。研究出台区域医疗中心试点工作方案，引进优质医疗资源支持云南、新疆等 8 个试点省份建设区域医疗中心。饮水安全保障方面，国家发展改革委、水利部出台做好“十三五”农村饮水安全巩固提升工作的政策措施，加快实施农村饮水安全巩固提升工程，重点支持深度贫困地区、氟改水任务较重地区和边境地区解决饮水安全问题或提升供水保障水平。“十三五”以来，截至2019年底，累计巩固提升受益人口2.27亿人，其中建档立卡贫困人口1 707万人。

二、铁路

铁路是国家战略性、全局性、关键性重大基础设施，是国民经济大动脉、重大民生工程和综合交通运输体系骨干，在经济社会发展中的地位和作用至关重要。加强现代化铁路建设，是稳增长、调结构、促投资的重大举措，对扩大铁路运输有效供给，构建现代综合交通运输体系，建设交通强国，实现“两个一百年”奋斗目标和中华民族伟大复兴的中国梦，具有十分重要的意义。党中央、国务院一直高度重视铁路工作，特别是党的十八大以来，我国铁路建设进入高速发展新阶段，投资持续保持高位运行，铁路高质量发展取得积极成效。

铁路投资保持高位运行。党的十八大以来，国家发展改革委、国铁集团和地方进一步加大铁路投资力度，并在既有投资渠道基础上积极开展创新，通过PPP模式、优质高铁资源上市、加大土地综合开发力度等多种方式扩大投资资金来源。2013年，全国完成铁路投资6 657亿元，此后，自2014年起，连续6年年度铁路投资超过8 000亿元，2014—2019年分别完成投资8 088亿元、8 238亿元、8 015亿元、8 010亿元、8 028亿元和8 029亿元。大规模投资为铁路发展注入了强大的动力。铁路建设涉及产业链长、影响面广，投资带动力大。从装备制造看，高速动车组零部件数量达 10 万多个，独立子系统有 260 余个，与动车组相关的一、二级配套企业就有 640 余家。铁路投资高速增长，对做好“六稳”工作、落实“六保”任务、促进经济社会发展都发挥了重要作用。

路网规模和质量不断提升。运营里程方面，2012 年底，全国铁路营业里程为 9.8 万公里，路网密度为 101.7 公里 / 万平方公里；2019 年底，全国铁路营业里程达 13.9 万公里以上，铁路路网密度为 145.5 公里 / 万平方公里，路网规模提高近 42%。高速铁路方面，2013 年底，高铁运营里程为 1.1 万公里；到 2019 年底，全国高铁运营里程已达 3.5 万公里，约占世界高铁总里程的三分之二。在路网质量方面，2012 年底，全国铁路复线里程为 4.4 万公里，复线率为 44.8%，电气化里程为 5.1 万公里，电气化率为 52.3%；到 2019 年底，复线里程和电气化里程已分别达到 8.3 万公里和 10 万公里，复线率和电气化率分别提高至 59.0% 和 71.9%，分别居世界第一位和第二位。

各区域铁路高质量发展成效显著。东部地区干线路网结构持续优化完善，通过实施既有线路改造、盘活路网资源等方式，路网质量和效益大幅提升。干线铁路、城际铁路、市域（郊）铁路各有侧重又相互衔接，共同打造了东部地区多层次高效便捷的铁路网络。中西部地区以普速铁路为重点，将主要城市和城市群之间的区际干线铁路建设作为关键，路网规模及覆盖面继续扩大，西部地区铁路营业里程由2012年底的3.7万公里增加至2019年底的5.6万公里。贯彻落实推进“一带一路”建设等发展要求，以中西部地区为重点的铁路建设加快推进，快速畅通的铁路大通道逐步形成，中西部与东部联系通道进一步拓展，区域内部联系更加紧密。加大革命老区、民族地区、边疆地区、贫困地区铁路对外运输通道建设力度，铁路支撑脱贫攻坚和全面建成小康社会水平不断提升。

铁路建设高速推进。以推进京津冀协同发展、长江经济带发展等国家重大战略和“一带一路”建设为引领，以中西部干线铁路、高速铁路等建设为重点，铁路建设全面快速推进。“八纵八横”高铁通道逐步贯通。已覆盖100万人口以上城市达118个，覆盖率达90%左右，通达30个省会城市。干线普速铁路网络布局不断优化完善。截至2019年底，全国铁路网覆盖20万人口以上城市达419个，覆盖率超过98%。城际铁路、市域（郊）铁路起步建设。经济发达、人口稠密、城镇密集地区城际铁路、市域（郊）铁路与干线铁路衔接并逐步成网，“轨道上”的城市群和都市圈逐渐形成。全国市域（郊）铁路运营线路约有20条，总里程约为1 100公里。集疏运铁路建设短板加快补齐。全国铁路专用线总里程超过1.8万公里，长江干线港口、沿海主要港口铁路运输“最后一公里”正在加快建设，集疏运能力、效率不断强化和提高。

综合交通枢纽功能加快完善。北京、上海、广州、武汉、成都、沈阳、西安、郑州、天津、南京、深圳、合肥、贵阳、重庆、杭州、福州、南宁、昆明、乌鲁木齐等设施设备配套完善、现代高效的综合铁路枢纽加快构建，西安北、昆明南、贵阳北等综合客运枢纽已建成投入运行，丰台、乌鲁木齐、成都站改造以及与机场有效衔接的北京新机场站、青岛新机场站、郑州南站等加快实施或已建成。枢纽空间布局不断优化，各种运输方式衔接有效，以铁路为核心的综合交通枢纽与城市有机融合度不断提高，初步形成了系统配套、一体便捷、站城融合的系统格局，基本实现客运换乘“零距离”、物流衔接“无缝化”、运输服务“一体化”。

三、公路水路

党的十八以来，我国公路发展日新月异，按照建设“四好农村路”的要求，建设农村路，打好脱贫攻坚战，以交通强国为目标，加快建设高速公路和高等级公路，公路质量、路网结构不断优化，有力支撑了国家经济社会发展和新型城镇化建设。同时，我国水路建设迈入高质量发展的轨道，内河航道不断升级拓展，港口布局日趋合理、结构不断优化升级，港航服务能力和水平明显提高，积极融入全球供应链体系，为国家经济社会发展、全面对外开放、外贸进出口增长和人民生活水平提升作出了重要贡献。

投资规模持续攀升。公路水路是交通运输领域中投资规模最大的行业。党的十八大以来，公路水路投资持续攀升，累计完成投资约 14.1 万亿元，年度完成投资额由 2013 年的 15 533 亿元增加至

2019 年的 23 452 亿元，公路水路投资占交通运输行业总投资的比重达到 72%。

路网规模和网络质量大幅提升。公路方面，全国公路总里程由 2012 年底的 423.75 万公里增加至 2019 年底的 501.25 万公里，公路密度由 44.14 公里 / 百平方公里提升至 52.21 公里 / 百平方公里。高等级公路里程快速增长，2019 年底二级及以上等级公路增加至 67.2 万公里，较 2012 年底增长 34%，其中全国高速公路里程由 9.62 万公里增加至 14.96 万公里，较 2012 年底增长 56%。由 7 条首都放射线、11 条北南纵线、18 条东西横线，以及地区环线、并行线、联络线等组成的国家高速公路网主骨架基本建成，“首都连接省会、省会彼此相通，连接主要地市、覆盖重要县市”的国家高速公路网络已经基本建成，国家高速公路里程由 2012 年的 6.8 万公里增加至 2019 年的 10.86 万公里。水路方面，以“两横一纵两网十八线”为主体的内河航道体系初步建成，国家高等级航道网络基本形成，2019 年底全国内河航道通航里程已达到 12.73 万公里，其中高等级航道达 13 819 公里，较 2012 年底增长 39.6%；港口布局不断优化，截至 2019 年底，全国港口拥有生产用码头泊位 22 893 个，其中万吨级及以上泊位达 2 520 个。

服务能力和效率显著增强。经过多年发展，我国公路客货运输量及周转量、水路货运量及周转量均居世界第一，全国港口完成货物吞吐量和集装箱吞吐量均居世界第一。多式联运、甩挂运输等先进运输组织模式及冷链等专业物流快速发展，集装箱、厢式货车等标准化运载单元加快推广，城乡物流配送信息化、集约化程度明显提升，提高了社会物流运行效率。客运基本公共服务均等化水平大力提升，“公交优先”战略扎实推进，定制公交、夜间公交等特色公共交通服务产品的新模式不断丰富。农村公路建设加快推进，农村“出行难”问题得到有效解决，交通扶贫精准化水平不断提高，广大农民群众得到了实实在在的获得感、幸福感。

工程技术水平提升有效支撑重大工程建设。随着一批重特大工程项目的建设实践，我国公路建设领域科技创新能力实现了跨越式发展，公路行业进入了全面创新阶段。在软基处理、冻土施工、路面材料及路面结构设计、桥梁隧道建设等方面，一批新材料、新工艺、新技术得到推广应用。建桥技术、建隧道技术，特别是在环境、地质恶劣地区建设公路项目的技术得到国际公认。许多公路工程技术都接近或达到世界先进水平，形成了一系列具有自主知识产权的关键技术、产品和装备，积累了丰富的工程设计和建设经验。随着关键技术的突破和工程设计及施工能力的提升，我国公路建设屡创奇迹，建成了一大批举世瞩目的具有世界先进水平的大型、特大型公路工程，部分特大桥、特大长隧道的建设，在世界公路建设史上留下了光辉的足迹。离岸深水港建设关键技术、巨型河口航道整治技术、长河段航道系统治理技术等世界领先，先后实施了40万吨级矿石泊位、洋山港集装箱码头、长江口深水航道治理等一系列重大工程。

四、民航

民航业是经济社会发展重要的战略产业，在国家开启全面建设社会主义现代化强国的新征程中发挥着重要作用。党的十八大以来，在党中央、国务院坚强领导下，按照适度超前的原则和构建安全、便捷、高效、绿色现代民用航空系统的目标，民航业保持平稳快速发展。2013—2019 年，民航业累计完成投资 11 811 亿元，机场布局不断完善，枢纽作用不断增强，运输航空和通用航空协调发展，以世界级机场群、国际航空枢纽为核心，区域枢纽为骨干，非枢纽机场和通用机场为重要补充的国家综合机场体系不断完善，为我国从民航大国向民航强国跨越发展奠定了坚实的基础。

民航投资稳步发展。党的十八大以来，民航业投资稳步提升，2013 年至 2019 年，分别完成固定资产投资 1 452.2 亿元、1 508.2 亿元、1 566.1 亿元、1 700 亿元、1 806.9 亿元、1 957.8 亿元和 1 819.9 亿元，“十三五”期间预计累计完成投资比“十二五”时期增长 23%。为支持中西部支线和西部干线机场建设，国家发展改革委积极安排中央预算内投资予以支持，对中西部地区机场网络的建立和完善起到重要作用。

机场布局不断完善。民用运输机场和通用机场协调布局，一批运输机场和通用机场建成投用，机场密度和航线网络规模不断扩大，覆盖广泛、分布合理、功能完善、集约环保的机场网络正在加速形成。运输机场方面，截至2019年底，颁证运输机场数量达到235个（不含3个通勤机场），较党的十八大前新增民用运输机场52个。中西部和东北地区机场不断加密、覆盖面不断扩大，机场数量增长较快，颁证机场数量由2012年的136个增加至2019年的184个，航空服务均等化水平不断提高。通用机场方面，机场数量快速攀升，2017年，全行业颁证通用机场数量76个，到2019年底，全行业颁证通用机场数量增加至246个。全国民用机场布局进一步完善，航空服务覆盖范围进一步扩大。

枢纽作用不断增强。京津冀、长三角、粤港澳大湾区、成渝等世界级机场群建设加快推进。遵照习近平总书记关于建设“精品工程、样板工程、平安工程、廉洁工程”的重要指示精神，大兴国际机场建设顺利推进并于2019年9月25日如期建成投入运营，习近平总书记出席机场投入运营仪式并宣布机场正式投入运营。枢纽机场提升工程持续推进，广州、重庆、武汉、哈尔滨等机场实施了扩建工程，成都、青岛、呼和浩特等城市新机场加快建设，厦门新机场、大连新机场前期工作加快推进。鄂州专业性货运枢纽机场开工建设。年旅客吞吐量超过1 000万人次的机场达到39个。北京首都国际机场旅客吞吐量多年位居全球第二，上海浦东国际机场货邮吞吐量位居全球第三，枢纽机场功能和国际竞争力不断提升。

五、农业农村

习近平总书记高度重视“三农”工作，要求坚持把解决好“三农”问题作为全党工作的重中之重。我国始终坚持农业农村优先发展，“三农”投入力度持续加大。2019 年第一产业固定资产投资达 1.26 万亿元，较 2012 年的 0.9 万亿元增长了 40%；全国涉农贷款余额 35.19 万亿元，较 2012 年的 17.63 万亿元增长了 100%。中央预算内投资持续加大投资力度，农业农村各项投资建设稳步推进、成效显著。

农业综合生产能力稳步提升。深入实施“藏粮于地、藏粮于技”战略，党的十八大以来，中央投资累计支持建设高标准农田 7.2 亿亩。全国农田有效灌溉面积超过 10 亿亩，灌溉水有效利用系数达到 0.554。建成后的高标准农田，平均粮食亩产增加 10% ～ 20%，农田物质基础水平明显提高，粮食产量稳定保持在每年 1.3 万亿斤以上，为保障国家粮食安全提供了坚实基础。

农业供给侧结构性改革稳步推进。蔬菜、水果、肉类、禽蛋、乳制品、水产品品质和区域布局进一步优化。重要农产品原料基地建设成效显著，启动实施油料、糖料、天然橡胶生产能力建设规划，重点支持优势产区油料、糖料、天然橡胶生产基地建设，不断扩大粮棉油糖高产创建规模。“菜篮子”工程实施力度持续加大，扩大园艺作物标准园创建规模，实施园艺产品提质增效工程，持续创建畜禽水产品标准化养殖示范场，加大对生猪等规模养殖场建设支持力度，推进水产健康养殖，加大标准池塘改造力度。

农村一二三产业发展融合加快。截至2020年6月，国家农村一二三产业融合发展示范园已完成首批创建，初步构建了农村产业融合发展的领跑样板和创新标杆。推动建设了一批以园区、镇、优势区等为代表的乡村产业融合集聚发展平台。2017年以来先后批准创建138个、认定49个国家级产业园，带动各地创建了上千个省级产业园和一大批市县级产业园，成为各地乡村产业兴旺的主力军和县域经济发展的增长极。2018年以来建设了552个主业强、百业兴、宜居宜业的农业产业强镇，成为各地产业融合、产城融合的先行区。大力实施农产品产地初加工补助项目，支持建设储藏窖、冷藏库、烘干房等初加工设施。启动农产品仓储保鲜冷链设施建设工程，重点支持新型农业经营主体建设仓储保鲜冷链设施，从源头加快解决农产品出村进城“最初一公里”问题。

农业科技创新与设施装备水平稳步提升。农业科技创新能力条件建设成果显著。重点建成了3个重大科学研究平台、25个国家重点实验室、42个农业农村部综合性重点实验室、335个专业性或区域性重点实验室、206个国家农作物改良中心（分中心）、84个国家工程技术研究中心、25个国家工程实验室等一大批创新平台，建设了一大批国家野外科学观测研究站、农业科学观测实验站等观测示范类平台，全面建立起了覆盖农业科学研究、技术创新、基础支撑全链条的“金字塔”格局，农业科技进步贡献率达59.2%。农业机械化和农业信息化迅速推进。在全国累计创建453个农作物全程示范县中，2019年全国农作物综合机械化率达到70%，三大主粮作物基本实现机械化。数字农业加快布局建设，2017—2019年中央预算内投资支持开展重要农产品全产业链大数据、数字农业创新中心和数字农业试点县等项目建设，累计建成益农信息社近30万个，物联网、大数据等现代信息技术加速应用。

现代良种提升工程加快实施。2012—2019年，中央预算内投资累计支持推动实施农作物良种工程建设项目653个，畜禽种业建设项目415个，水产种业建设项目224个，逐步建成了覆盖全国主要产区的国家农作物种质资源保护体系和畜禽、水产遗传资源保护体系，以及良种繁育体系、新品种测试体系，育种创新能力显著提升，全国主要农作物自主选育品种种植面积占比提高到95%以上，主要畜种核心种源自给率均达到70%以上。

美丽乡村建设加快推进。农村人居环境整治行动成效显著。广泛开展村庄清洁行动，全国90%左右的村庄开展了清洁行动，农村生活垃圾收运处置体系已覆盖全国近90%的行政村，较2013年提高40余个百分点。农村生活污水治理有序推进，黑臭水体治理工作取得积极进展。农村“厕所革命”扎实有效推进。2018年以来，全国累计改造农村户厕2 500多万户；截至2019年底，农村卫生厕所普及率超过60%。农村基础设施与公共服务条件显著改善。农村民生基础设施建设加快推进。农村电力条件明显改善，实现农村人口全部用上电。农村道路通达深度持续增强，农村“出行难”问题基本得到解决。改造农村危房超过 1 790 万户。部署新一轮农网改造升级，实施“宽带乡村”“百兆乡村”等工程，农村实现村村通电话、乡乡能上网、广播电视基本全覆盖。农村教育基础设施继续改善，农村医疗卫生服务体系进一步健全。

农业发展绿色转型。节水灌溉农业发展迅速，中央预算内投资支持开展大中型灌区续建配套与节水改造，每年农业灌溉用水总量保持在 3 600 亿立方米以内。大力支持实施动植物保护能力提升工程，支持包括动植物疫病监测预警能力、动物防疫技术支撑能力、动物卫生监督能力、动植物疫病预防控制能力、兽药质量监察能力、农药风险（安全性、有效性）监测能力等项目建设，为农业绿色发展提供技术支撑。启动实施化肥农药减量增效利用行动，推动测土配方施肥、病虫害绿色防治全面普及，实现化肥、农药使用量连续 4 年持续保持负增长。实施长江经济带农业面源污染治理，支持长江经济带 8 个中西部省市 53 个县开展农业面源污染治理，打造长江经济带农业面源污染治理示范区，提升农业绿色发展水平。农业废弃物资源化利用率不断提升，持续加大中央预算内投资支持力度，累计支持 585 个畜牧大县整县推进畜禽粪污资源化利用。支持东北、华北地区 260 个县，按照“整县推进、多元利用、政府扶持、市场运作”的原则，开展秸秆综合利用试点。实施农膜回收行动，支持 100 多个农膜污染治理示范县建设 3 000 多个回收点。2019 年，全国秸秆、畜禽粪污利用率分别达到 85% 和 74%，西北地区农膜回收利用率超过 80%。

六、水利

党的十八大以来，按照党中央、国务院的重大决策部署，国家发展改革委会同有关部门，积极践行“节水优先、空间均衡、系统治理、两手发力”的治水思路，以节水供水重大水利工程和灾后薄弱环节建设为重点，加快构建与全面建成小康社会相适应的水利基础设施网络，一批重大水利工程建成并发挥效益，充分发挥了水利在稳增长、促改革、调结构、惠民生、防风险等方面的支撑和保障作用，水利工程体系进一步完善，我国水安全保障水平持续提升。我国水利建设投资持续增加，水利投资结构不断优化，水利投融资机制不断创新。2013—2019 年，水利建设完成投资达 39 839 亿元，年均完成投资约 5 691 亿元。

中央预算内投资持续将水利基础设施建设作为重点安排领域，大力推进重大水利工程建设，截至 2020 年 6 月底国务院确定的 172 项节水供水重大水利工程已累计开工 147 项；支持农村饮水安全巩固提升工程建设；推进中小河流治理、大中型病险水库水闸除险加固、大型灌排泵站更新改造、中型水库、坡耕地水土流失综合治理等其他重点水利工程，加强水利薄弱环节建设，不断完善水利基础设施体系。

水旱灾害防御能力持续提升。基本建成了较为完善的防洪工程体系，全国已建成 5 级及以上堤防 31.19 万公里，保护耕地 6.21 亿亩、人口6.28亿人；水库9.88万座，总库容8 953亿立方米，大中型水库防洪库容1 681亿立方米；国家级蓄滞洪区98处，总面积达3.39万平方公里，合计蓄洪容积达1 089亿立方米。长江三峡、黄河小浪底等一大批控制性水利枢纽工程相继建成，长江干堤加固工程全面达标，黄河下游标准化堤防及淮河、太湖近期治理骨干工程全面完成，东北三江治理基本完工。沿江沿河重要城市防洪标准达到100 ~ 200年一遇。开展195条大江大河主要支流和5 400多条中小河流治理，实施长江中下游54个易涝片排涝整治，推进农村基层防汛预报预警体系建设，实施全国2 076个县市山洪灾害防治项目建设，中小河流暴雨洪水防范能力显著提升。目前，大江大河干流基本具备防御新中国成立以来最大洪水的能力，其他江河基本具备防御常遇洪水的能力。近五年来，全国因洪涝年均受灾损失与21世纪初相比大幅减少。

供水安全保障能力不断提高。全国用水总量控制在6 100亿立方米左右，保持稳中有降，支撑了同期国内生产总值稳定增长的态势。水资源配置体系不断完善，南水北调东中线一期工程总供水量达320多亿立方米；引黄入冀补淀、牛栏江滇池补水等一批重大水资源配置工程建成发挥效益，重点区域供水安全保障能力得到进一步提升；开展以西南五省为重点的中小型水库建设，有效缓解区域工程性和资源性缺水问题。加快实施农村饮水安全巩固提升工程，“十三五”以来，截至2019年底，共巩固提升了2.27亿农村人口供水保障水平，其中解决了1 707万建档立卡贫困人口的饮水安全问题，农村集中供水率达 87%，农村自来水普及率达 82%。大中型灌区续建配套和节水改造任务基本完成，恢复改善灌溉面积 8 370 万亩，形成节水能力 75 亿立方米，为粮食增产和农业节水提供强力支撑。截至 2019 年底，全国农田有效灌溉面积达 10.3 亿亩；节水灌溉面积达 5.56 亿亩，其中高效节水灌溉面积达 3.4 亿亩，占节水灌溉面积的 61.1%。近五年来，全国因干旱年均受灾面积与改革开放前相比大幅减少。

水生态治理与修复不断强化。统筹山水林田湖草系统治理，将河湖生态水量纳入水资源统一配置和管理，实施引江济太、白洋淀应急补水、南四湖生态补水等生态调水，改善河湖水生态环境。强化黄河等流域水量调度，黄河干流实现连续 20 年不断流，黑河下游东居延海连续 15 年不干涸。开展永定河等京津冀“六河五湖”综合治理与生态修复，推进河北雄安新区水环境综合整治。开展华北等南水北调东中线一期工程受水区地下水超采区综合治理，实施南水北调东线一期北延应急供水工程，逐步置换压减地下水超采量，利用南水北调东中线一期工程向华北地区相机生态补水，部分地区地下水水位止跌回升。推进长江上中游、黄河中上游、东北黑土区、西南岩溶区等重点区域水土流失治理，实施小流域综合治理、坡耕地综合整治、侵蚀沟治理、生态清洁小流域建设等工程。截至 2019 年底，累计水土流失综合治理面积达 137.3 万平方公里，七年以来共新增水土流失治理面积 40.8 万平方公里。

探索创新水利投融资体制机制。党的十八大以来，中央有关部门和地方多措并举，因地制宜开展水利投融资体制机制的创新探索，并取得显著成效。推进政府和社会资本合作模式，截至2019年底，水利建设类项目共有399个，项目投资额达3 315亿元。各地积极探索创新吸引社会资本参与农村水利工程建设运营的有效模式，社会资本和信贷资金规模在农村水利总投资中的占比达到10%以上。加强金融机构合作，用好用足信贷优惠政策。2012年以来，鼓励引导国家开发银行、中国农业发展银行、中国农业银行、中国建设银行，通过实行优惠利率、延长贷款期限、科学设计金融产品、开辟绿色通道等方式支持水利建设。充分发挥地方水投公司在融资方面的重要作用。京津冀晋四省（直辖市）和中国交通建设集团公司组建永定河流域投资公司，探索以投资主体一体化带动流域治理一体化的新模式。

七、能源

2014年6月13日，习近平总书记主持召开中央财经领导小组会议，提出了“四个革命、一个合作”的能源安全新战略，从全局和战略高度指明了保障我国能源安全、推动我国能源事业高质量发展的方向和路径。我国全面推进能源供给侧结构性改革，能源供给质量大幅提高，能源消费结构显著优化，能源各领域建设成效显著，能源基础设施短板不断补齐，清洁低碳、安全高效的能源体系日渐成熟完善，能源对经济社会发展的服务保障愈加精准有力。

石油天然气方面。党的十八大以来，油气基础设施建设稳步推进，我国原油、成品油管网骨干管线与区域管线同步发展，天然气管线通道布局趋于完善，基本形成资源多元、调度灵活、安全可靠的油气供应网络，为服务经济社会发展和大气污染防治，提高人民生活水平作出了重要贡献。2013—2017年，干线管网等油气基础设施领域年均投资规模约350亿元，2018年以来进一步加大投资力度，年均投资规模450亿～500亿元。截至2019年底，我国石油干线管网由2012年底的3.8万公里增长到5.55万公里，年均增速5.56%；天然气干线管网总里程由2012年底的5.5万公里增长到9.45万公里，年均增速超过8%；建成一批沿海进口液化天然气（LNG）接收站。

电力方面。电力工业发展规模迈上新台阶，电力建设步伐不断加快，多项指标居世界首位。截至2019年底，全社会用电量达到7.23万亿千瓦时，全国发电装机达20.11亿千瓦，其中水电3.56亿千瓦（含抽水蓄能0.3亿千瓦），风电2.1亿千瓦，太阳能发电2.05亿千瓦，核电0.49亿千瓦，火电11.9亿千瓦（含煤电10.4亿千瓦，气电0.9亿千瓦）；220千伏及以上线路合计75.48万公里，变电容量42.64亿千伏安。截至2019年底，我国人均装机约1.44千瓦，人均年用电量约5 164千瓦时，均超世界平均水平。

2013—2019年，水电领域完成投资约5 708亿元，年均完成投资约815亿元；全国水电新增装机约1.07亿千瓦，其中常规水电9 697万千瓦，抽水蓄能996万千瓦。截至2019年底，全国水电总装机3.56亿千瓦，其中，常规水电3.26亿千瓦，抽水蓄能3 029万千瓦。2013—2019年，火电领域新增装机3.71亿千瓦，其中新增煤电装机2.9亿千瓦。到2019年底，火电装机达到11.91亿千瓦，为经济社会发展提供了重要电力保障。2013—2019年，全国风电投资共计约1.03万亿元，累计新增风电并网装机1.49亿千瓦。截至2019年底，全国风电累计并网装机达到2.1亿千瓦，2019年风电发电量为4 057亿千瓦时。2013—2019年，光伏发电发展迅速，累计投资约1.26万亿元，光伏发电装机由2012年底的650万千瓦增加至2019年底的20 430万千瓦，累计新增装机19 780万千瓦。2013—2019年，全国生物质发电投资共计约3 000亿元，累计新增并网装机1 787万千瓦，生物质发电产业持续较快发展。

2013—2019年，全国电网建设完成投资约3.36万亿元，有力支撑了电网建设。到2019年底，跨区跨省输电能力达到2.4亿千瓦，多端柔性直流输电示范工程建成投入运营，一批特高压等重大输电通道项目建成投产，有效满足了我国西北地区综合能源基地电源开发外送和中东部地区电力需求增长的需要；全国联网范围从西藏昌都市延伸至藏中地区，电网互济能力进一步提升，全国城镇地区供电可靠率达到99.9%以上。推动无电地区电力建设和农网改造升级。全国农村地区基本实现稳定可靠的供电服务全覆盖，到2019年底，除“三区三州”外以省为单位均达到“两率一户”指标，平均供电可靠率达到99.82%，综合电压合格率达到99.7%，户均配变容量提高到2.7千伏安。到2020年6月底，“三区三州”、抵边村寨农网改造升级按期全面完成，深度贫困地区基本实现大网电延伸覆盖，供电保障能力显著提升。

煤炭方面。在加快淘汰落后产能的同时，建立完善产能置换制度，保持固定资产投资平稳增长，有序核准新建大型煤矿项目。党的十八大以来，按照“上大压小、增优减劣”原则，我国累计核准煤矿项目155处，建设规模8.15亿吨/年，总投资约5 455亿元。煤矿安全投入长效机制逐步健全，安全生产条件逐步改善，防灾抗灾能力显著提升，有力促进了煤矿安全生产形势持续稳定好转。随着我国煤制油气产业技术示范和产业化的持续推进，煤制油气产业取得了显著成效，总体达到国际领先水平，建成了一批高水平的示范项目，掌握了一批具有自主知识产权的重大技术，基本完成了核心技术产业化示范，关键装备实现自主化、国产化。同时，煤制油气行业也积累了丰富的建设、运营、管理经验，运行水平不断提高，产业支撑体系日趋完善，产业发展初具规模，形成了一定的替代能力，对我国增强能源自主保障能力、推动煤炭清洁高效利用具有重大意义。2013—2019年，我国建成煤制油项目产能600万吨/年，建成煤制气项目产能51亿方/年。

八、社会民生

增进民生福祉是发展的根本目的。党的十八大以来，加大对社会民生领域的投资力度，使人民群众切身体会到更高水平的幼有所育、学有所教、劳有所得、病有所医、老有所养、住有所居、弱有所扶，有更多、更直接、更实在的获得感、幸福感、安全感。

推进教育现代化，不断提高各层级学校、教育机构的教育水平。党的十八大以来，各级各类教育快速发展，教育普及程度大幅提高，人民群众受教育权利显著增强。“十三五”期间，安排中央预算内投资实施教育现代化推进工程，支持优质普惠学前教育资源扩容建设、义务教育学校建设、教育基础薄弱县普通高中建设、职业教育产教融合工程、中西部高校基础能力建设、世界一流大学和一流学科建设等，有力促进优质普惠学前教育资源扩容，加快城乡义务教育学校标准化建设，扩大普通高中培养能力，促进城乡基本公共教育服务均等化，有效推进人力资源供给侧结构性改革，深化职业教育、高等教育产教融合，加快世界一流大学和一流学科建设，增强教育对经济社会发展的服务、引领和支撑能力。学前教育三年毛入园率由 64.5% 增长到 83.4%；九年义务教育巩固率由 91.8% 增长到 94.8%；高中阶段毛入学率由 85.0% 增长到 89.5%；高等教育毛入学率由 30.0% 增长到 48.1%。

建设公共实训基地，提供高水平的职业教育。“十三五”期间，安排中央预算内投资支持省、地市、县级公共实训基地建设，初步形成覆盖全面、定位明确、错位发展、互动协调的公共职业技能实训体系；推进创业创新示范基地建设，提高创业服务能力；利用“互联网平台 + 创业单元”新模式新业态改变传统服务模式，引领带动高校毕业生、农民工等重点群体更大规模、更高质量创业就业。2013—2019 年，全国城镇累计新增就业 9 322 万人，连续七年新增就业 1 300 万人以上；全国城镇登记失业率保持在较低水平。

实施全民健康保障工程，改善人民群众的就医条件。“十三五”期间，卫生领域中央预算内投资主要支持健康扶贫、公共卫生服务能力提升、妇幼健康保障、疑难病症诊治能力提升、中医药传承创新、县级医院救治能力提升工程、区域医疗中心建设试点项目、公共卫生防控救治能力补短板等方面，支持一大批医疗卫生项目建设。通过中央和地方的共同努力，全国医疗卫生服务体系“软硬件”得到进一步加强，进一步补齐基层医疗卫生短板，提高重大疫情防控能力，增加优质医疗服务供给，推动医疗卫生事业高质量发展，群众看病就医的可及性和便捷性得到有效改善，获得感和满意度明显提升。特别是新冠肺炎疫情暴发以后，国家发展改革委在抗击疫情的关键时期第一时间安排中央预算内投资支持雷神山、火神山、方舱医院等前方急需医疗设施建设，为打赢疫情防控的人民战争、总体战、阻击战作出了应有的贡献。

实施文化旅游提升工程，改善文化旅游基础设施和公共服务水平。“十三五”以来，安排中央预算内投资支持公共文化服务设施建设。公共文化服务均衡协调发展取得明显成效，基层公共文化服务能力显著提升，农村地区、民族地区、边境地区新闻出版广播影视等公共文化体系更加完善。安排中央预算内投资支持全国重点文物保护单位、历史文化名城和历史文化街区、国家级非物质文化遗产、国家自然遗产地、国家公园体制试点等国家文化和自然遗产保护利用设施建设。国家文化和自然遗产得到有效保护和合理利用，为促进我国优秀传统文化传承发展、民族和地域文化特色延续、生物多样性和生态系统保护提供了坚实保障。安排中央预算内投资支持旅游公共服务保障设施、重点景区基础设施、红色旅游基础设施等旅游基础设施和公共服务设施建设。旅游基础设施和公共服务体系更加健全，文化旅游融合发展提质增效，旅游产品和服务质量不断提升，供给总量和结构性矛盾有效缓解。

实施公共体育普及工程，推进公共体育设施建设。“十三五”期间，安排中央预算内投资支持社会足球场地设施、全民健身中心和新建县级公共体育场中标准田径跑道和足球场项目建设。截至2018年底，全国人均体育场地面积达1.86平方米，基本形成布局合理、覆盖面广、类型多样、普惠性强的公共体育服务网络。全民健身战略深入实施，全民健身活动广泛开展，经常参加体育锻炼人数和人均体育场地面积加快提高，竞技体育综合实力稳步提升，体育健身的产品和服务供给更加丰富。

实施社会服务兜底工程，提升人民群众的幸福感。“十三五”期间，安排中央预算内投资支持儿童福利、县级未成年人保护、精神卫生福利、殡仪馆、公益性骨灰安放设施和火化设备环保改造，以及残疾人康复、托养和综合服务等设施建设。社会服务基础设施条件进一步完善，社会兜底保障能力显著增强，逐步形成功能完备、布局合理、服务便捷、保障有力的社会福利服务体系和特色鲜明、布局合理、方便可及的残疾人服务体系，社会服务水平不断提升。安排中央预算内投资支持养老服务体系建设，用于支持各地老年养护院、医养结合的养老设施、特困人员供养服务设施（敬老院）等设施建设，扩大兜底性养老服务供给；同时，2019 年启动实施普惠养老城企联动专项行动，发挥政府投资的引导带动作用，支持社会资本扩大普惠养老服务供给。截至 2019 年底，全国养老床位合计达到 761.6 万张，较 2015 年底增加 88.9 万张床位，增长 13.2%。

九、生态保护

党的十八大以来，持续强化生态保护，加大投资力度，有效促进了生态环境质量的持续改善，我国生态恶化趋势基本得到遏制，自然生态系统总体稳定向好，国家生态安全屏障骨架基本构筑。截至 2019 年，全国森林覆盖率提高到 22.96%，森林蓄积量提高到 175.6 亿立方米，有望超额完成“十三五”规划目标；草原生态系统质量有所改善，草原综合植被盖度提高到 56%，全国沙化土地面积年均减少 19.8 万公顷，石漠化土地面积年均减少 38.6 万公顷；全国已有各类自然保护区 2 700 多处，90% 的典型陆地生态系统类型、85% 的野生动物种群和 65% 的高等植物群落纳入保护范围，大熊猫、朱鹮、东北虎、东北豹、藏羚羊、苏铁等濒危野生动植物种群数量呈稳中有升的态势。

生态状况持续改善。森林草原资源培育取得新进展，稳步推进国土绿化、天然林资源保护、新一轮退耕退牧还林还草、防沙治沙等重大生态保护修复工程，全面加强山水林田湖草一体化、城乡生态一体化保护和修复，生态系统质量不断改善。森林资源步入良性发展轨道。截至 2019 年，我国森林面积 2.2 亿公顷。草原生态功能逐步恢复，启动新一轮退耕还林还草工程，草原生态保护修复力度加强，草原禁牧面积 12 亿亩，草畜平衡面积 26 亿亩，38 亿亩草原得到休养生息，重点天然草原牲畜超载率下降到 10.4%，启动了退化草原人工种草生态修复项目，草原综合植被盖度增加。自然保护地生态保护不断加强，构建以国家公园为主体、以自然保护区为基础、以各类自然公园为补充的自然保护地体系。各级各类自然保护地达到 1.18 万个。国家公园体制试点扎实推进，主要任务实施情况良好，自然保护区 2 750 个、面积 147 万平方公里，数量和面积居于世界前列。湿地保护体系初步建立，大力实施湿地保护修复制度，启动了湿地生态效益补偿、退耕还湿试点，建立国际重要湿地 57 处，全国湿地保护率达到 52.2%，湿地面积萎缩和功能退化的趋势得到初步遏制，部分重要湿地生态状况明显改善。沙化石漠化面积持续减少。完成防沙治沙和石漠化土地治理 13 万平方公里，提前实现了联合国提出的到 2030 年实现土地退化零增长目标，防沙治沙经验为世界借鉴。重点区域生态治理取得较大成效，持续加大重点区域投入力度，推进京津风沙源治理、石漠化综合治理，针对性开展三江源治理、祁连山治理等区域生态治理。结合重点防护林工程建设，启动实施退化林修复工程和森林质量精准提升工程。

生态保护支撑体系逐步完善。国有林区林场保护力度持续加大，森林得到休养生息，天然林停伐政策全面落实，每年减少森林蓄积消耗 1 180 万立方米，生态功能不断增强，每年吸收全国二氧化碳排放量的 20%。国有林区林场体制机制逐步建立。以国家公园为主体的自然保护地体系不断完善，国家级自然保护区基础设施建设水平不断提高。加强全国林业自然保护区监督管理平台建设，保护区基础设施不断改善，管理能力不断增强，监管体系逐步完善。森林草原防火基础保障能力取得新进展，防火装备和基础设施建设水平进一步提升，防火现代化建设进程加快。林业有害生物防控能力建设不断加强。

绿色惠民成效显著。生态扶贫举措有力，在中西部 22 个省（区、市）继续深入实施天然林保护、退耕还林还草等工程，引导各地将任务计划、项目资金重点保障深度贫困地区。推广扶贫攻坚造林专业合作社，吸纳贫困人口参与国土绿化增加劳务性收入。林业产业发展活力不断增强，林产品生产能力稳步增强，国家储备林面积达 1 亿亩，油茶种植面积 6 400 万亩，各类经济林产品产量达 1.8 亿吨。全面深化集体林权制度改革。林区民生显著改善，通过加大资金政策支持力度，国有林区民生基础设施建设不断加强。

十、环境治理

党的十八大以来，我国的环境治理进入了一个新的历史阶段。2013 年以来，我国相继发布了“大气十条”“水十条”和“土十条”，环境保护取得了前所未有的成就。党的十九大后，我国又部署了污染防治攻坚战和蓝天、碧水、净土三大保卫战。中共中央、国务院印发《关于全面加强生态环境保护 坚决打好污染防治攻坚战的意见》，明确了打好污染防治攻坚战的时间表、路线图、任务书。

我国环境污染治理的投资总额持续保持高位运行，2013—2017 年环境污染治理累计投入约 4.6 万亿元，环保设施年均投资 9 000 亿元。城镇环境基础设施建设投资累计投入约 2.7 万亿元，约占我国环境污染治理投资总额的 58.7%；新上项目环保设施投资累计投入约 1.5 万亿元，约占我国环境污染治理投资总额的 32.6%；工业污染源治理投资累计投入约 0.4 万亿元，约占我国环境污染治理投资总额的 8.7%。

我国资源环境可持续发展能力增强，生态环境质量总体改善。全国地表水优良水质断面比例由 2015 年的 64.5% 增长到 2019 年的 74.9%，劣 V 类水质断面比例由 2015 年的 8.8% 下降至 2019 年的 3.4%；细颗粒物（$PM_{2.5}$）未达标地级及以上城市年均浓度在“十三五”期间下降了 23.1%。生产和生活方式绿色、低碳水平上升，主要污染物排放总量大幅减少，环境风险得到有效控制，生物多样性下降势头得到基本控制，生态系统稳定性增强，生态环境领域国家治理体系和治理能力现代化取得重大进展，生态文明建设水平与全面建成小康社会目标相适应。

大气环境治理方面。通过加快重点行业深度治理，推进了煤电行业总装机容量86%的超低排放改造、全国222家钢铁企业启动超低排放改造，1.2万家企业开展VOC整治。通过能源结构调整优化，2019年全国煤炭消费比重降至57.7%，清洁能源消费占比增至23.4%。构建了天地空综合立体观测网，定量解析污染排放、气象条件、化学转化对大气重污染的影响并形成科学共识。2019年全国环境空气质量好转，优良天数比例持续提升，二氧化硫浓度持续大幅改善，重点城市细颗粒物（$PM_{2.5}$）浓度大比例下降。

水环境治理方面。扎实推进城市黑臭水体治理、渤海综合治理、长江保护修复、农业农村污染治理等行动计划。全国直辖市、省会城市、计划单列市黑臭水体消除96.2%，排查长江入河排污口60 292个、渤海入海排污口18 886个，长江流域总磷超标断面个数同比下降40.7%。2.5万个建制村完成农村环境综合整治。长江流域优良水质断面比例由2013年的89.4%增长到2019年的91.7%，劣V类断面比例由2013年的3.1%降至2019年的0.6%。

土壤环境治理方面。根据土壤污染防治行动计划，开展了涉镉等重金属重点行业企业排查整治行动，共排查企业1.3万多家，确定需整治污染源近2 000个。已有1 400余个污染源完成整治，切断了污染物进入农田的链条，取得明显成效。2017 年 7 月，全国土壤污染状况详查工作全面启动，历时两年，完成农用地详查主体工作。结果表明，我国农用地土壤环境状况总体稳定。土壤污染加重趋势得到初步遏制，“净土保卫战”取得积极成效。

固体废物和危险废物管理方面。积极推进大宗废弃物综合利用，支持资源综合利用示范基地建设，在煤矸石、粉煤灰、冶金渣、化工渣等方面大力开展资源综合利用工作。稳步推进无废城市建设，批准并发布了 8 项“无废城市”建设相关国家标准，已筛选 70 多项“无废城市”建设试点亟须的污染防治技术，开展了绿色矿山建设，指导试点城市探索应用快递绿色包装。坚定不移禁止洋垃圾入境，全国固体废物实际进口量同比减少 40.4%。进一步规范危险废物的产生、收集、转移、处置利用等环节，支持危险废物处置等设施建设。目前，危险废物管理体系正在逐步健全，资源化利用能力不断提高。

十一、创新驱动

高技术成果日益丰硕。超级计算机连续 10 次蝉联世界之冠，采用国产芯片的“神威・太湖之光”获得高性能计算应用最高奖“戈登・贝尔”奖，北斗导航进入组网新时代，载人深潜、深地探测、国产航母、天然气水合物勘查开发、纳米催化、金属纳米结构材料等正在进入世界先进行列。“嫦娥四号”任务实现人类航天器首次月球背面巡视探测，“嫦娥五号”月面采样返回，火星探测任务顺利推进，高分辨率对地观测系统初步形成高空间分辨率、高时间分辨率、高光谱分辨率的天基对地观测能力，载人航天完成货运飞船、新一代载人飞船研制发射。超大型液化天然气（LNG）船、30万吨级海上浮式生产储油轮（FPSO）、第六代深水半潜式钻井平台、超大型液化石油气（LPG）运输船、超大型汽车滚装船、10万吨级半潜船、极地科考破冰船等不断取得重要突破，极大丰富了我国船舶产品种类。自主研发了万米级自主遥控水下机器人“海斗号”，2017年2月实现最大深度10 888米，成为继日本、美国之后第三个具备研制万米级无人潜水器能力的国家。自主研制出浅海、深海等不同型号的“海翼”水下滑翔机近30台套，2017年3月6日，自主研发的“海翼”号水下滑翔机3次突破水下滑翔机的世界下潜深度纪录，最大下潜深度达6 329米，海上连续工作时间超过3个月，我国已成为继美国之后第二个具有跨季度自主移动海洋观测能力的国家。深海科考和载人深潜器的关键技术突破，带动了我国海洋科学与技术的全面提升，实现了我国深海装备由集成创新向自主创新的跨越，为我国经略海洋和建设海洋强国提供了重要科技支撑。

重大科技基础设施陆续投入运行。在设施布局建设方面，党的十八大以来，我国启动建设了一批重大科技基础设施。在设施综合性能方面，布局建设了强磁场、散裂中子源、硬X射线自由电子激光装置、高能同步辐射光源等一批位于国际先进水平的设施，推动我国重大科技基础设施综合性能迈上新台阶。在支撑科技发展方面，重大设施有效推动我国一些重要学科实现跨越发展，培养出了一批科技领军人才。被誉为“中国天眼”的世界最大单口径（500米）、最灵敏的射电望远镜FAST顺利竣工，已产生了超过30项自主创新专利成果。世界首个全超导托卡马克装置EAST辅助加热系统建设完成。脉冲磁场试验装置完成验收，使我国成为继美国、德国、法国之后第4个拥有大型脉冲强磁场实验装置的国家。全球生命科学领域首个综合性重大科技设施国家蛋白质科学研究设施建成验收。我国首艘具备全球航行能力的新一代海洋科学综合考察船顺利下海航试。目前，我国建成设施学科范围涵盖了粒子物理与核物理、天文学等传统科学领域和地球系统与环境科学、生命科学等新兴领域，光源设施、托卡马克装置、天文观测设施等逐步向体系化发展。

基础研究不断取得新突破。通过实施国家重点研发计划等，加强了数学、物理等基础学科建设，提升了前沿技术和关键核心技术水平。以量子反常霍尔效应研究为例，2019年1月8日，中国科学家领衔的实验团队在量子反常霍尔效应方面取得了突破性成果，获得2018年度国家自然科学奖一等奖。量子霍尔效应是整个凝聚态物理领域最重要、最基本的量子效应之一，其重大突破将推动新一代的低能耗晶体管和电子学器件的发展，有助于在未来解决摩尔定律瓶颈问题，带来下一次信息技术革命。

重大工程持续推动经济高质量发展。在高速铁路、超级计算、移动通信、大飞机、新能源等领域取得一批举世瞩目的成果，为我国经济社会发展提供重要支撑，成为推动新经济新动能发展的重要源泉。“复兴号”作为具有完全自主知识产权、达到世界先进水平的动车组列车，已经成为世界上运营时速最高的动车组列车。2017年6月，中国标准动车组被正式命名为“复兴号”，在京沪高铁上按时速350公里双向首发。“复兴号”中国标准动车组，构建了体系完整、结构合理、先进科学的高速动车组技术标准体系，标志着中国高速动车组技术实现自主化、标准化和系列化，让中国高铁能够真正拥有国际话语权和核心竞争力。通过系统采用大功率机车、大轴重货车、轨道强化等技术和装备，我国重载铁路运输能力大幅提升，已掌握了25吨轴重重载运输成套技术，构建了30吨轴重重载铁路成套技术体系。大秦铁路完成3万吨重载组合列车开行试验，年运量突破4.5亿吨，成为世界上年运量最大的重载线路。大型模锻压力机是衡量一个国家工业实力的重要标志，仅有美国、俄罗斯、法国3个国家有类似设备，最大锻造等级为俄罗斯的7.5万吨。我国自行研制的8万吨模锻压力机总高42米，重约2.2万吨，单件重量在75吨以上的零件68件，压机尺寸、整体质量和最大单件重量均为世界第一。

产业竞争力显著增强。新型显示方面，有机发光材料、液晶、基板玻璃、偏光片、化学品、光学膜、掩膜版、光刻胶、显示芯片等关键核心材料的本地化配套能力取得较大突破。移动宽带通信方面，5G领域投资加大，带动无线和网络主设备行业发展，推动稳定全球5G产业链供应链。数控机床方面，高端机床产品设计制造水平持续提升，关键零部件质量明显改善，在重点领域应用加速推进。农用机械方面，自主研制的大马力动力换挡拖拉机、CVT 无级变速拖拉机、大型谷物联合收割机等高端产品填补了国内空白。油气开采方面，形成陆上油气勘探、陆上油气开发、工程技术、海洋油气勘探开发、海外油气勘探开发和非常规油气勘探开发等系列技术。医药领域，PET-CT 等高端医疗器械实现国产化并完成国际双认证，靶向肿瘤药甲磺酸阿帕替尼等一批重大疾病 1.1 类新药填补国内空白。生物育种方面，形成了一批重大标志性成果，显著提升了我国自主基因、自主技术、自主品种的研发能力。

检测认证能力大幅提升。通过建设一批具有自主创新能力的技术平台和检测验证平台，提升了产品研发中基础理论、产品设计、试验检测、检验认证水平，给产品品牌、技术研发、关键设备的可持续发展注入了活力。制造业企业积极参与、推进、制定了一批行业、国家和国际技术标准，为完善我国相关装备技术标准体系、提高我国技术标准的国际影响力起到了重要作用。高铁列控系统产品测试验证平台、城市轨道交通互联互通 CBTC 信号系统测试验证平台、城市轨道交通试验线、环境综合风洞等建设有序推进，轨道交通装备验证能力不断增强提升。中国农机院、中国一拖、山东五征等创新型科技企业建设联合收割机研发与检测平台，提升了农机行业产品及其零部件研发和试验检测能力。青岛国家海洋设备重大产品研发和试验检测平台、中速柴油机研发创新平台等项目的建设，为我国高端船舶和海洋工程设备的研发提供了强有力的技术支撑。

十二、新型城镇化、保障性安居工程

（一）新型城镇化建设取得突破性进展

党的十八大以来，党中央、国务院对新型城镇化作出一系列决策部署，各地区各部门统一思想、提高认识，突出改革创新、狠抓政策落地，推动新型城镇化建设取得了突破性进展，涉及十几亿人的城镇化驶上了科学、健康、正确的轨道。2013 年，党中央召开城镇化工作会议，确定了中国特色新型城镇化道路的战略方向和根本遵循。2014 年，中共中央、国务院印发《国家新型城镇化规划（2014—2020 年）》，明确了新型城镇化的原则目标、战略任务和改革重点。2015 年，党中央召开中央城市工作会议。2016 年，国务院印发《关于深入推进新型城镇化建设的若干意见》。这一系列重大决策部署，确定了新型城镇化建设的总体方向、制度框架和重点任务。

城镇化空间格局持续优化，培育形成了一批新的增长点、增长极和增长带。城市群建设全面推进，跨省区城市群规划全面实施，城市群成为承载发展要素的主要空间形式。城市短板加快补齐，城市功能和可持续发展能力稳步提高。城市规划建设水平不断提升，城市周边永久基本农田全面划定，生态红线划定工作加快推进，开发边界划定试点工作顺利完成。城市基础设施、公共服务、生态环境等方面的短板加快补齐，黑臭水体及易涝点整治效果明显，地级及以上城市黑臭水体消除比例提高到86.7%，城市生产生活功能进一步强化。创新、绿色、智慧、人文等新型城市建设持续推进，城市精细化管理水平不断提高，城市的“面子”更加靓丽，“里子”更加牢固。1 000多万农业转移人口在城镇落户，发放居住证超过1亿张，未落户常住人口享有更多城镇基本公共服务。户籍和常住人口城镇化率分别从2012年的35.3%、52.6%提高到2019年的44.38%、60.60%，两率差距不断缩小。

（二）保障性安居工程稳步推进

党的十八大以来，保障性住房建设稳步推进，住房保障体系不断完善，住房保障能力持续增强，为促进实现全体人民住有所居的目标发挥了重要作用。城镇人均住房建筑面积由2012年的32.9平方米提高到2018年的39平方米。

2008年，党中央、国务院启动实施城镇保障性安居工程，住房保障工作开始提速，保障对象范围逐步扩大，保障方式更加丰富，配套政策陆续出台完善。从2008年到2019年，全国城镇保障性安居工程合计开工约7 300万套，合计帮助约2亿名困难群众改善了住房条件。

公租房“兜底”保障，实现低收入住房困难家庭基本应保尽保，中等偏下收入家庭住房条件得到有效改善。同时，中央提出住房制度要以满足新市民住房需求为主要出发点，住房保障范围不断扩大，把公租房扩大到符合条件的非户籍常住人口，针对环卫工人、公交司机等重点群体提供精准保障。截至 2018 年底，3 700 多万名困难群众住进公租房，还有累计近 2 200 万名困难群众领取了公租房租赁补贴。

经济适用住房等配售型保障房建设，解决了很大一部分“夹心层”的住房困难，为推进住房制度改革、拉动住房消费、改善住房供应结构发挥了重要作用。针对既无法申请廉租房、公租房，又不具备买房能力的城市“夹心层”群体，北京、上海等城市开始探索发展共有产权住房。截至 2018 年底，通过购买经适房等配售型保障房，5 000 多万名买不起商品住房、又有一定支付能力的城镇中低收入群众有了合适住房，实现了稳定居住。

棚户区改造这项“暖心工程”有效改善原来居住在城镇危旧住房中的困难群众住房条件。党的十八大以来，国家三次印发关于棚户区改造的专门文件，部署各地加速推进各类棚户区改造，群众告别了潮湿阴暗的棚户区、简易房，住进了宽敞明亮的新居。截至 2018 年底，上亿名居民“出棚进楼”，为提升人居环境、缓解城市内部二元矛盾、提升城镇综合承载能力、促进社会和谐稳定发挥了重要作用。同时，有效带动了投资消费和经济增长，2008—2019 年，全国棚户区改造完成投资约 10 万亿元，棚户区改造及拉动相关产业总投资超过 20 万亿元。

保障性安居工程在改善两亿人住房条件的同时，还拉动了经济社会方方面面的发展，筑起社会稳定安全网，担当经济发展稳定器，成为城镇化助推剂。

第三节

投融资体制改革进展及成效

党的十八届三中全会审议通过《中共中央关于全面深化改革若干重大问题的决定》，对深化投融资体制改革作出了部署。2016年7月，中共中央、国务院印发《关于深化投融资体制改革的意见》，进一步明确了深化投融资体制改革的总体思路、主要举措和有关要求。2020年5月中共中央、国务院印发《关于新时代加快完善社会主义市场经济体制的意见》，对新时代深化投融资体制改革提出了新的要求。党的十八大以来，国家发展改革委会同有关部门持续深化投融资领域“放管服”改革，投融资体制改革取得了新的突破，企业投资自主权进一步得到落实，政府投资行为进一步得到规范，投资管理工作重心逐步从事前审批转向过程服务和事中事后监管，投资法治体系更加健全，投资对稳增长、促改革、调结构、惠民生、防风险、保稳定的关键作用进一步发挥。

一、改革完善政策措施，积极推动投资主体多元化

要发挥投资对稳定经济增长的促进作用，就必须积极保护各类投资主体合法利益，坚持各类投资主体权利平等、机会平等、规则平等，不断放宽投资准入门槛、改革各种不合理规定、消除投资隐性壁垒，充分激发各类投资主体的活力和创造力。

市场准入进一步放宽。持续放宽重点领域准入，2014 年国务院印发《关于创新重点领域投融资机制鼓励社会投资的指导意见》，就放宽七大重点领域社会投资准入提出了一系列改革措施；2015 年，交通运输部出台深化交通运输基础设施投融资改革的指导意见，就进一步放宽交通运输基础设施准入提出政策措施；2016 年，住房城乡建设部、国家发展改革委、财政部、国土资源部、人民银行五部门联合印发通知，鼓励和引导民间资本进入城市供水、燃气、供热、污水和垃圾处理行业。建立市场准入负面清单制度，2015 年国务院印发《关于实行市场准入负面清单制度的意见》，对建立和实施市场准入负面清单制度作出全面安排；2018 年、2019 年国家发展改革委、商务部连续两次修订市场准入负面清单，其中市场准入负面清单（2019 年版）共列入事项 131 项，相比 2018 年版缩减比例达 13%。持续放宽外资准入，连续多年修订鼓励外商投资产业目录、外商投资准入特别管理措施（负面清单）、

自由贸易试验区外商投资准入特别管理措施（负面清单）等，为各类外商投资活动提供依据和指导。其中，2020 年 6 月修订的外商投资准入特别管理措施（负面清单）和自由贸易试验区外商投资准入特别管理措施（负面清单）条目分别由 2019 年的 40 条、37 条减少至 33 条、30 条，进一步降低外商投资准入限制，推进更高水平的对外开放。

多样化市场融资渠道进一步拓展。《中共中央关于全面深化改革若干重大问题的决定》明确提出要“健全多层次资本市场体系，多渠道推动股权融资，发展并规范债券市场，提高直接融资比重”，近年来，多层次的融资体系不断深化。股票市场不断开放，2014 年中国证监会批复“沪港通”，2016 年“深港通”获批，“沪港通”“深港通”的开通在扩大国内投资者投资渠道的同时，也吸引了更多境外资金进入我国股票市场，优化了我国股票市场投资者结构。债券种类不断丰富，在国债、政策性金融债等国家信用产品的基础上，逐步扩展到资产支持证券、短期融资券、中期票据、定向融资工具、各类金融债券、熊猫债券、双创专项债务融资工具等信用产品。2014 年国务院印发《关于加强地方政府性债务管理的意见》，赋予地方政府依法适度举债权限；2014 年新预算法明确地方政府可以通过专项债券进行举债；2020 年的《政府工作报告》提出，发行抗疫特别国债。保险资金深度参与经济建设。2014 年国务院印发《关于加快发展现代保险服务业的若干意见》，提出充分发挥保险资金长期投资的独特优势，鼓励保险资金以多种方式支持民生工程和国家重大工程；2017年，原保监会提出，引导保险资金服务国家发展战略，积极发挥保险资金融通和引导作用。进一步发挥开发性、政策性金融机构作用，持续加大对城镇棚户区改造、生态环保、城乡基础设施建设、科技创新等重大项目的资金支持力度。创新其他融资方式，规范有序推进政府和社会资本合作（PPP）模式，稳妥开展基础设施REITs试点。

政府投资的放大作用进一步发挥。发挥政府投资引导带动作用，在同等条件下，政府投资优先支持引入社会资本的项目，根据不同项目情况和特点，分别通过投资补助、资本金注入、贷款贴息等方式，引导和带动社会投资，充分发挥政府投资"四两拨千斤"的作用。其中，资本金注入方式以政府信用和出资撬动更多社会资本，主要适用于支持投资规模大、回收周期长、投资风险较高的经营性项目；投资补助主要适用于需要政府支持的市场不能有效配置资源的经济和社会领域的经营性项目。充分发挥政府性基金的作用，根据发展需要，依法发起设立了基础设施建设基金、公共服务发展基金、政府出资产业投资基金等各类基金，政府资金的引导作用和放大效应进一步得到发挥。发挥项目资本金的撬动作用，国家发展改革委分别于2015年、2019年报请国务院两次调整项目最低资本金比例；2019年还进一步降低了港口、沿海及内河航运项目，以及补短板基础设施项目资本金最低比例。

二、厘清政府和市场权责边界，充分落实企业投资主体地位

经济体制改革的核心问题是处理好政府和市场的关系。让企业拥有投资自主权，是处理好政府与市场关系的必然要求，也是发挥投资关键作用、保持经济稳定增长的重要举措。党的十八大以来，按照“谁投资、谁决策、谁受益、谁承担风险”的原则，不断深化投资体制改革，在由企业依法依规自主决策投资行为、降低企业制度性交易成本方面取得显著成果。

加大政府审批事项的取消下放力度。确立企业投资项目核准制、备案制，《中共中央 国务院关于深化投融资体制改革的意见》提出，对极少数关系国家安全和生态安全、涉及全国重大生产力布局、战略性资源开发和重大公共利益项目，政府从维护社会利益角度进行审查把关。国家发展改革委会同有关部门认真贯彻党中央、国务院决策部署，最大限度缩减核准事项，分别于2013年、2014年、2016年三次修订《政府核准的投资项目目录》，大幅取消下放项目核准权限；2018年、2019年又进一步取消了汽车制造等核准事项。相较于《政府核准的投资项目目录（2013年本）》，中央层面核准事项由65项缩减至32项，缩减一半以上。除上述极少数需要核准的项目外，其他企业投资项目一律实行备案制。全面取消了企业经营自主权的审查事项，2014年国家发展改革委、中央编

办出台关于一律不得将企业经营自主权事项作为企业投资项目核准前置条件的政策措施，对银行贷款承诺、融资意向书等18项属于企业经营自主权的事项，一律不再作为项目核准前置条件。国家发展改革委会同有关部门清理规范投资项目报建审批事项，2016年报请国务院出台清理规范投资项目报建审批事项实施方案，进一步清理、整合其他审批部门负责办理的报建手续，通过此次清理，65项报建审批事项中，保留34项，整合住房城乡建设、水利、文物、林业等部门的24项事项为8项；将贯彻国防要求、军事设施保护意见改为部门征求意见；包括职业病危害预评价、地震安全性评价在内的涉及安全的5项强制性评估，不列入行政审批事项。清理规范后报建审批事项减少为42项，大大降低了制度性交易成本。

优化改进审批程序。确立以"精简前置、并联审批"为核心的新型核准制度，2014年国务院办公厅印发的《精简审批事项规范中介服务实行企业投资项目网上并联核准制度的工作方案》规定，只保留规划选址、用地预审（用海预审）2项作为核准前置审批事项，对其他需要保留在项目开工前完成的审批事项，由核准前必须完成调整为与项目核准实行并联办理。62个部门、42项审批事项通过在线平台实现并联办理。建立企业投资项目告知性备案管理制度，自对企业投资项目实行核准制和备案制以来，地方将项目备案作为变相行政许可的现象比较普遍。2016年国务院颁布《企业投资项目核准和备案管理条例》，进一步落实企业投资自主权。条例明确要求，企业应当在开工建设前将相关法定信息通过投资项目在线审批监管平台告知备案机关，备案机关收到全部信息即为备案，这就以法规的形式确立了企业投资项目告知性备案管理制度，改变了以往项目备案的行政许可性质。坚持“制度 + 技术”协同推进，依托网络技术实现审批流程整合，2019 年，国家发展改革委等 15 部门联合印发全国投资项目在线审批监管平台投资审批管理事项统一名称和申请材料清单，统一了当前各类投资项目开工前需要办理的 42 项审批、核准、备案类事项的名称，并明确了需要提交审查的 258 项申报材料和适用情形；其中规定，项目单位通过在线平台提交的申请材料和部门的批准文件，作为后续审批事项申请材料的，应通过在线平台共享获得，不得要求项目单位重复提交，大大提升了企业投资便利化水平。

深化投资项目承诺制改革。《中共中央 国务院关于深化投融资体制改革的意见》提出，在一定领域、区域内先行试点企业投资项目承诺制。国家发展改革委积极落实党中央、国务院决策部署，指导各地以“政府定标准、企业作承诺、过程强监管、信用有奖惩”为原则，深入开展投资项目承诺制改革。如有的地方建立企业承诺事项清单，对建设用地规划许可、压覆矿审核、取水许可、交通影响评价、文物保护和考古许可等审批审查类事项形成清单并予以公布，实行清单内事项承诺即办。有的地方加强制度建设，推动出台关于承诺制改革的地方性法规；探索扩大承诺制改革项目适用范围，将承诺制由备案类项目扩大到核准类项目，实现企业投资项目手续缩减 80% 以上、报建审批时间压减一半以上。有的地方加强相关改革联动，探索实行“多规合一”“标准地”“承诺制”等联动改革，发挥改革集成叠加效应。有的地方加强技术支撑，依托投资项目在线审批监管平台开发承诺制项目管理模块，大幅提升审批效率。

促进各类投资主体依法平等使用资源要素。党的十八大以来，相继推动出台一系列政策措施，努力营造公平竞争的市场环境、政策环境、法治环境，确保各类投资主体权利平等、机会平等、规则平等，保障各类投资主体依法平等使用资源要素。强化公平竞争审查，2016 年国务院印发《关于在市场体系建设中建立公平竞争审查制度的意见》，明确要求行政机关和法律、法规授权的具有管理公共事务职能的组织制定市场准入、产业发展、招商引资、招标投标、政府采购、经营行为规范、资质标准等涉及市场主体经济活动的规章、规范性文件等，应当进行公平竞争审查。保障招标投标公平公正，2019 年国家发展改革委等 8 部门印发工程项目招标投标领域营商环境专项整治工作方案，通过深入开展工程项目招标投标领域营商环境整治，消除招标投标过程中对不同所有制企业特别是民营企业、外资企业设置的各类不合理限制，保障不同所有制企业公平参与市场竞争。完善金融机构服务民营企业体系，2019 年中共中央办公厅、国务院办公厅印发《关于加强金融服务民营企业的若干意见》，要求对各类所有制经济一视同仁，不断深化金融改革，完善金融服务体系，推动金融资源配置与民营经济在国民经济中发挥的作用更加匹配，保证各类所有制经济依法参与市场竞争。规范公用事业领域收费行为，2019年颁布的《优化营商环境条例》规定，供水、供电、供气、供热等公用企事业单位应当向社会公开服务标准、资费标准等信息，为各类市场主体提供安全、便捷、稳定和价格合理的服务。健全政府诚信履约机制，2019年中共中央、国务院印发《关于营造更好发展环境支持民营企业改革发展的意见》，提出各级政府要认真履行在招商引资、政府与社会资本合作等活动中与民营企业依法签订的各类合同；建立政府失信责任追溯和承担机制，对民营企业因国家利益、公共利益或其他法定事由改变政府承诺和合同约定而受到的损失，应依法予以补偿。

三、严格政府投资管理，更好发挥政府投资作用

政府投资作为一项重要政府职能，事关经济社会发展全局，既是宏观调控、落实国家发展战略的必要手段，也是引导和带动社会资本扩大有效投资的有力抓手。发挥好政府投资作用关键要处理好政府与市场的关系，在强调市场作用的同时优化政府职能，更好发挥“看得见的手”的作用。党的十八大以来，国家发展改革委认真履行投资综合管理职责，全面加强政府投资管理，建立了科学规范的政府投资管理体制机制，有效保障政府投资作用的发挥。

明确规范政府投资方向。《中共中央 国务院关于深化投融资体

制改革的意见》明确提出，政府投资资金只投向市场不能有效配置资源的公共领域项目，以非经营项目为主。国家发展改革委认真贯彻中央文件要求，在实际投资管理工作中牢牢把握“有所为、有所不为”的边界，不断规范政府投资方向和范围。在中央预算内投资管理中，不断推进投资方向精准化。2016年国家发展改革委印发的《中央预算内投资补助和贴息项目管理办法》规定，投资补助和贴息资金重点用于市场不能有效配置资源、需要政府支持的经济和社会领域，包括社会公益服务和公共基础设施、农业农村、生态环境保护和修复、重大科技进步、社会管理和国家安全等；2019年国家发展改革委推动出台的《政府投资条例》，进一步明确政府投资资金投向市场范围。同时，建立政府投资范围定期评估调整机制，以促进政府投资方向和结构的优化。

加强政府投资项目科学决策。加强项目科学决策，是提高政府投资效益、发挥政府投资作用的关键所在。国家发展改革委十分重视加强政府投资科学决策，不断规范投资决策程序，从制度上防止“拍脑袋”决策、项目盲目上马等问题。《中共中央 国务院关于深化投融资体制改革的意见》明确提出，对经济社会发展、社会公众利益有重大影响或者投资规模较大的政府投资项目，要在科学论证的基础上，严格审批项目建议书、可行性研究报告、初步设计。《政府投资条例》对促进政府投资项目科学决策作出规定；加强前期工作，项目单位应当加强政府投资项目的前期工作，保证前期工作的深度达到规定的要求；严格审批程序，政府投资项目应当编制项目建议书、可行性研究报告、初步设计，按照政府投资管理权限和规定的程序，报审批部门审批；坚持科学民主决策，对经济社会发展、社会公众利益有重大影响或者投资规模较大的政府投资项目，有关部门应当在中介服务机构评估、公众参与、专家评议、风险评估的基础上作出决定。

严格政府投资资金管理。加强政府投资计划管理，2015 年国家发展改革委出台中央预算内投资计划编制管理暂行办法，切实规范政府投资年度计划管理工作；《政府投资条例》则进一步明确了政府投资年度计划编制、列入计划的项目条件、与预算的关系等管理要求，避免了“钱等项目”造成的资金沉淀。加强政府投资概算管理，2015 年国家发展改革委出台中央预算内直接投资项目概算管理暂行办法，对相关项目概算核定、概算控制、概算调整等事项予以规范；《政府投资条例》立足投资控制和厉行节约，明确规定“政府投资项目建设投资原则上不得超过经核定的投资概算”，在加强对投资概算的刚性约束的同时，明确了违规调整概算、擅自增加概算等违法违规行为的责任。规范政府资金安排方式，2020 年国家发展改革委出台规范中央预算内投资资金安排方式及项目管理的政策措施，明确了中央预算内投资资金安排方式的内涵，并对严格落实中央预算内投资资金安排方式等提出明确要求。

四、深化项目建设实施领域改革创新，推动项目建设实施的市场化、规范化

改革开放以来，随着投资管理体制改革的不断深化，按照适应中国特色社会主义市场经济要求、符合我国基本管理制度要求的原则，我国逐步建立起了投资项目建设实施市场化、多元化的管理模式。但同时，项目建设实施中仍然存在监管体制机制不健全、工程建设组织方式落后、质量安全事故时有发生、市场违法违规行为较多等问题。党的十八大以来，有关部门不断推动项目建设实施活动的市场化、规范化，取得了明显成效。

推进建设实施领域简政放权。简化工程建设企业资质申报材料和环节，2018 年出台的简化建设工程企业资质申报材料有关政策措施提出，企业在申请工程勘察、设计、建筑企业资质时，不需提供企业资质证书、注册执业人员身份证明等申报材料；2016 年，取消省级住房城乡建设部门对住房城乡建设部负责审批的工程监理、勘察设计等企业和勘察设计注册工程师、建造师等个人执业资格的初审。简化建筑企业资质标准指标，2016 年出台简化建筑业企业资质标准部分指标的政策措施，取消了建筑业企业资质标准中关于注册建造师、中级以上职称人员、技术工人等指标考核；2018 年取消建筑企业最低等级资质标准中关于持有岗位证书现场管理人员的指标考核。放宽行业准入，2014 年推动取消水土保持监测人

员上岗资格、建设项目水资源论证上岗资格、一级注册建筑师执业资格认定；2017 年，取消城市园林绿化企业资质核准事项。

创新项目建设实施模式。积极推行工程总承包模式，2017 年修订建设项目工程总承包管理规范，不断促进工程总承包管理规范化，推进与国际接轨。为完善工程建设组织模式，提高投资效益、工程建设质量和运营效率，2019 年国家发展改革委、住房城乡建设部出台推进全过程工程咨询服务发展的指导意见；2020 年出台房屋建筑和市政基础设施项目工程总承包管理办法，对项目工程总承包活动作出进一步规范。推动建设实施活动的信息化水平，近年来有关部门在推进建筑信息模型（BIM）、大数据、移动互联网、云计算、物联网、人工智能等技术在设计、施工、运营维护全过程的集成应用方面取得显著成效。

五、着力加强事中事后监管，切实规范各类投资活动

推进“放管服”改革，放得开还需要管得住、管得好，“放”和“管”两者相辅相成、缺一不可，要实现“放管结合”，就要在加强事中事后监管方面做好文章。党的十八大以来，各部门各地区认真贯彻落实党中央、国务院决策部署，积极探索加强事中事后监管的措施，取得了显著成效。

突出监管重点。近年来，各级发展改革、自然资源、生态环境、建设管理、安全生产以及行业管理等部门，积极落实党中央、

国务院决策部署，加强投资项目全过程监管，推动实现项目合法开工、建设过程合规有序。加强重点领域监管，重点聚焦钢铁、水泥、煤炭、平板玻璃等产能严重过剩行业领域，依法依规全面清理整顿建成的违规产能；严格监督检查，加快淘汰了一批工艺装备落后、产品质量不合格、环保排放不达标的项目。同时，通过完善激励和约束政策，通过产能置换指标交易等市场化手段引导企业主动退出过剩行业。聚焦事中事后监管，各部门将更多行政资源从事前审批转到加强事中事后监管上来，重点围绕开工建设环节和竣工投产环节开展事中事后监管：在开工建设环节，项目相关审批部门按照项目审批、核准、备案基本程序和规定，依托投资项目在线审批监管平台，指导并服务项目单位及时办理项目开工前的各项手续，保证程序合法、手续齐全、限时办结；在项目开工后到竣工投产前，发展改革部门以及住房城乡建设、水利、交通等部门强化对项目建设过程的监督检查，确保项目按照相关规定建设实施，保障项目建设规范有序。

严格落实监管责任。2015 年国家发展改革委报请国务院出台创新投资管理方式建立协同监管机制的若干意见，进一步明确有关部门、地方政府的监管职责，加强监管能力建设，把监管责任落到实处。落实部门监管责任，项目审批、核准、备案机关根据法律法规和发展规划、产业政策、总量控制目标、技术政策、准入标准等，对投资项目进行监管；自然资源、生态环境、安全监管以及行业管理等部门，严格履行法律法规赋予的监管职责，加强后续监管；金融监管部门加强指导和监督，引导金融机构依据法律法规并按照商业原则独立审贷，不得违规发放贷款；审计部门加强对政府投资项目、国有企业投资项目以及以政府和社会资本合作等方式建设的其他公共工程项目的审计监督，持续组织对贯彻落实国家重大政策措施等情况进行跟踪审计。明确地方监管责任，在下放行政审批事项同时，地方各级政府及其有关部门，按照“权力与责任同步下放”“谁承接、谁监管”的要求，强化权力下放后的监管意识，积极探索创新监管方式方法，切实承担起监管责任；各省级政府加强指导监督，逐级明确承接方的监管责任及监管措施。

不断创新监管方式。深入推进“互联网＋监管”，国家发展改革委会同相关管理部门，通过全国投资项目在线审批监管平台等信息系统，建立起信息共享、透明高效的投资项目纵横联动协同监管机制。其中，投资项目在线审批监管平台归集、共享的审批信息和开通的项目建设信息报送系统，为各有关部门开展线下监管提供重要参考，改变了监管部门难以发现未批先建、批建不符等违法违规情况的局面，大大提高了项目监管的时效性。加强社会监督，国家发展改革委积极推动项目审批信息、监管信息、处罚结果等通过在线平台向社会公开，社会各界可以凭项目代码或项目名称查询审批结果。其他部门和地方也充分发挥社会监督作用，如生态环境部进行环境影响评价报告书审批时，设置多个征求社会公众意见环节；有的地方要求，除涉密项目外，项目批复结果同时在本级政府门户网站上公开，主动接受社会监督。

不断完善监管机制。加强监管制度建设，制定出台了对企业投资监管执法的第一部部门规章——《企业投资项目事中事后监管办法》，明确发展改革部门对企业投资项目的监管内容、程序、方式等，通过法治手段实现放宽准入和规范管理相结合。完善监督检查机制，各有关部门积极落实国务院关于建立“双随机一公开”监管模式的要求，在抽查事项实行清单管理、加快配套制度机制建设、强化检查结果公示运用方面取得显著成效，不仅切实减少对市场主体经营活动干预，同时也规范了项目建设的监督管理。加强信用管理，2016 年国家发展改革委报请国务院出台《关于建立完善守信联合激励和失信联合惩戒制度加快推进社会诚信建设的指导意见》，提出加快构建以信用为核心的新型市场监管体制。

六、创新政府服务管理方式，不断提升综合服务管理水平

党的十八大以来，面对经济下行压力和传统动能减弱，党中央、国务院将推进政府职能转变作为宏观调控的关键性工具，着力营造公平便利的市场环境，这成为激发各类投资主体积极性的关键因素之一，有力支撑了经济运行在合理区间。国家发展改革委进一步发挥投资主管部门的统筹协调作用，会同相关部门持续推动优化政府服务，督促指导地方探索创新服务管理方式，助力“人民满意的服务型政府”建设。

依托信息技术优化政府服务手段。建立全国投资项目在线审批监管平台，国家发展改革委自2015年3月牵头组织在线平台建设工作，2017年2月1日在线平台正式运行。在线平台作为《企业投资项目核准和备案管理条例》《政府投资条例》规定的法定办事平台，在规范审批行为、提高审批效率、降低行政成本、服务投资主体等方面发挥了不可替代的作用。加强信息引导服务，国家发展改革委依托在线平台汇集的大数据，建立了固定资产投资运行监测机制，定期向社会发布投资发展趋势监测报告，为各类投资者研判投资形势、自主决策投资方向以及为各类机构进行经济形势分析提供便利。开展远程审批，新冠肺炎疫情防控期间，在各地实体服务大厅关闭和限制人员流动的情况下，国家发展改革委指导各地依托在线平台开展远程审批，保障新冠肺炎疫情防控期间项目办理工作，保障项目审批服务不断档。

探索政府"主动服务"方式。国家发展改革委在深化投融资体制改革的基础上，指导、鼓励各地创新政府主动服务管理方式，探索形成了一批典型经验做法。为加强对《政府投资条例》《企业投资项目核准和备案管理条例》等投资法规实施的监督，2019年11月，国家发展改革委指导部署各地立足项目审批和建设实施一线，开展投资堵点治理专项行动。专项行动启动以来，各地结合实际抓紧细化工作任务、压实工作责任，专项行动顺利推进，有力推动了投资治理能力提升，强化了稳投资政策措施落地，激发了社会投资活力。推行区域评估，为进一步解决投资项目评估事项多、耗时长、成本高等问题，有关地方探索将规划环评、能评、压覆矿、地质灾害、水土保持、防洪、水资源论证、雷电灾害、地震、文物保护等事项，由政府统一办理，形成整体性、区域性的评估成果，由区域内投资项目共享使用，变“申请后审批”为“申请前服务”、“单个项目评”为“区域整体评”、企业付费评为政府买单评，有效压减项目落地时间，减轻企业负担。开展“代办制”，有的地方推行企业投资项目无偿代办服务，让“项目单位跑”变“代办员跑”；代办员从企业办理审批事项前即“贴上去”，审批中“全程代”，项目开工后“跟到底”，让企业少跑腿甚至不跑腿，全面提升企业获得感和满意度。

七、深化工程咨询行业改革，支撑投资高质量发展

发挥工程咨询行业的智力支撑作用，能够有效整合投资资源要素、防范各类投资风险、推动项目及时落地，促进新增先进有效产能、引领新产业、培育新动能，推动投资高质量发展，更好满足经济社会发展需求。党的十八大以来，国家发展改革委会同有关部门贯彻落实“放管服”改革要求，深入推进工程咨询行业供给侧结构性改革，以取消资质资格、创新管理方式、加强政策引导、强化事中事后监管、放开咨询服务收费政府定价等为手段，充分发挥市场在资源配置中的决定性作用，促进工程咨询行业持续健康发展。

取消行政许可性质的资质资格，放开行业准入。2012 年

9月，“注册咨询工程师（投资）执业资格认定”行政许可事项取消；随之2015年建立了水平评价类的咨询工程师（投资）职业资格制度。2017年9月，“工程咨询单位资格认定”行政许可事项取消。根据2017年12月新修订的招标投标法，中央投资项目、工程建设项目等招标代理机构资格认定行政许可事项取消。根据2018年12月新修订的环境影响评价法，建设项目环境影响评价资质行政许可事项取消。

创新服务和管理方式，加强行业自律和信用管理。在相关资质取消后，相关部门创新服务和管理方式，加强行业事中事后监管。2017年，国家发展改革委颁布工程咨询行业管理办法，建立工程咨询单位告知性备案和行业自律性质的资信评价制度，强化工程咨询单位咨询成果质量终身负责制，加强对工程咨询行业管理；2018年，发布工程咨询单位资信评价标准，明确行业信用管理标准，为工程咨询行业提供健康发展导向，为委托单位选择工程咨询单位提供参考，将工作重心向事中事后监管转变。住房城乡建设部于2017年取消工程建设项目招标代理机构资格认定，加强事中事后监管，建立工程建设项目招标代理机构信息报送和公开制度，强化信用约束、行业自律和政府监管。2019年，生态环境部出台建设项目环境影响报告书（表）编制监督管理办法，规范建设项目环境影响报告书和环境影响报告表编制行为，加强监督管理，保障环境影响评价工作质量，维护环境影响评价技术服务市场秩序。

加强政策引导，推进工程咨询行业创新发展。修订发布国家发展改革委投资咨询评估管理办法，规范投资决策过程中的咨询评估工作，保障咨询评估质量。2019年，国家发展改革委会同住房城乡建设部出台推进全过程工程咨询服务发展的指导意见，重点培育发展投资决策综合性咨询和工程建设全过程咨询，适应投资者或建设单位在固定资产投资项目决策、工程建设、项目运营过程中对综合性、跨阶段、一体化的咨询服务需求；联合住房城乡建设部出台房屋建筑和市政基础设施项目工程总承包管理办法，规范工程设计、采购、施工或者设计、施工等总承包活动，创新工程建设组织模式，提升工程建设质量和效益。

取消工程咨询服务收费标准政府定价，充分发挥市场价格机制作用。2014年，国家发展改革委放开除政府投资项目及政府委托服务以外的建设项目前期工作咨询、工程勘察设计、招标代理、工程监理等4项服务收费标准，实行市场调节价。2015年，国家发展改革委在已放开非政府投资及非政府委托的建设项目专业服务价格的基础上，全面放开实行政府指导价管理的建设项目前期工作咨询费、工程勘察设计费、招标代理费、工程监理费以及放开对环境影响咨询费的政府指导价管理。

八、完善法规制度体系，推动投资领域法治化建设

全面依法治国是中国特色社会主义的本质要求和重要保障。投资工作作为一项重要政府职能，事关经济社会发展全局，既是实施

宏观调控、落实国家发展战略的重要手段，也是关系到稳增长、促改革、调结构、惠民生、防风险、保稳定以及补齐发展短板、优化供给结构、增强发展后劲等方面的基础性工作。做好投资工作，涉及各方面复杂的关系，必须运用法治思维和法治方式。党的十八大以来，投资领域法治建设力度不断加大，逐步建立起完善的投资领域法治体系。

完善投资管理行政法规体系。为了深入贯彻中央关于全面推进依法治国和建设法治政府的决策部署，同时立足于新形势下投资管理工作的需要，近年来，国家发展改革委加大政府投资领域法治建设力度，相继推动出台1部中央文件和3部行政法规。1部中央文件，即《中共中央 国务院关于深化投融资体制改革的意见》，这是改革开放40多年来以中共中央文件名义发布的第一个投融资体制改革文件，是当前和今后一个时期投融资领域改革的纲领性文件。3部行政法规，即《企业投资项目核准和备案管理条例》《政府投资条例》《机关团体建设楼堂馆所管理条例》。其中，《企业投资项目核准和备案管理条例》作为我国固定资产投资管理的第一部行政法规，对加快转变政府投资管理职能、落实企业投资自主权意义重大。《政府投资条例》是我国关于政府投资管理的第一部行政法规，标志着全面规范政府投资管理迈出了具有里程碑意义的一步，有利于推动政府投资治理现代化、提高政府投资效益。《机关团体建设楼堂馆所管理条例》进一步规范了党政机关、国有企业的办公用房建设和管理活动，将有限资金更多用在发展经济和改善民生上。

完善配套制度体系建设。为了支撑做好投资管理工作，保障《中共中央 国务院关于深化投融资体制改革的意见》《政府投资条例》《企业投资项目核准和备案管理条例》《机关团体建设楼堂馆所管理条例》等落实到位，国家发展改革委推动出台了若干配套文件。制定了4件部门规章，对加强企业投资管理、工程咨询机构管理、全国投资项目在线审批监管平台运行管理等作出规范。制定了5件规范性文件，对规范中央预算内投资资金管理、固定资产投资项目代码管理、全过程工程咨询服务、投资咨询评估、工程咨询单位资信评价等作出要求。制定了10余部政策措施，促进投资项目管理更加规范、有序。

加强其他资源要素、建设条件等领域制度建设。自然资源部推动修订《中华人民共和国土地管理法》《中华人民共和国土地管理法实施条例》，相继出台《建设项目用地预审管理办法》《建设用地审查报批管理办法》，以及改进和优化建设项目用地预审和审查、做好永久基本农田重大建设项目用地预审、以多规合一为基础推动规划用地“多审合一”“多证合一”改革等政策措施，不断规范建设项目用地管理工作。生态环境部推动修订《中华人民共和国环境影响评价法》，下放审批权限的同时完善监督管理和责任追究机制；加强环评技术导则体系建设，相继印发了规划环境影响评价、建设项目环境影响评价，大气环境、土壤、地下水、地表水、声环境等二十余部技术导则。此外，其他相关部门也推动对《中华人民共和国建筑法》《中华人民共和国消防法》《中华人民共和国城乡规划法》《建设工程质量管理条例》等进行修订，进一步从制度上巩固了相关领域“放管服”改革的成果。

第四节

促进民间投资发展取得积极成效

党的十八大以来，随着供给侧结构性改革的深入推进，以及一系列鼓励民间投资政策效果的逐步显现，我国民间投资持续稳定增长，为经济社会发展作出巨大贡献。

一、民间投资总体呈现“三稳”“两优”特点

民间投资持续增长稳。除了受疫情影响2020年上半年民间投资出现负增长外，党的十八大以来，民间投资增速始终保持正增长，且多数时间超过整体投资增速，增速最高时超过20%。特别是许多南方地区产业转型升级启动比较早，经济活力比较强，开放程度比较高，营商环境整体比较好，民间投资的内生动力比较强，

民间投资增速保持较快增长。

民间投资占比稳。民间投资由小到大、由弱变强，逐渐成为投资的主力军。近年来民间投资占全国固定资产投资的比重始终保持在60%左右。当前，我国经济运行面临较大压力，稳投资任务较重，民间投资作为稳投资的重要力量，其增长情况成为稳定投资和经济运行的重要因素。

民间投资主要领域稳。民间投资主要集中在制造业、房地产开发、基础设施三大领域，三大领域民间投资占比近八成。党的十八大以来，制造业占比保持在40%左右，房地产开发民间投资在30%左右，基础设施民间投资在6%左右，基本保持稳定。

民间投资内部结构不断优化。制造业是民间投资的重点领域，在整体的制造业投资当中，民间投资占比超过了80%。从制造业细分行业民间投资增长情况看，计算机、通信和电子设备制造业，专用设备制造业民间投资保持高速增长，远高于有色金属冶炼等传统产业增速。这反映出新旧动能转换持续推进，民营企业积极适应新常态，主动在调整和优化自身的投资行为。

民间投资环境趋优。从市场准入看，大力推进市场准入负面清单制度改革，推行“法无禁止即可为”，除少数涉及国家战略安全或机密的领域外，绝大部分领域已取消了对民间投资的准入限制，显性障碍已基本不存在。从定价机制看，商品定价主要由市场决定，政府管理价格不足3%。从投资决策看，90%以上的企业投资项目实行开工前告知性备案，政府仅对少数企业项目进行外部性核准，企业投资决策自主权已充分实现。从投资便利性看，近年来，国家发展改革委按照党中央、国务院“放管服”改革的部署要求，积极推进投资审批制度改革、创新投资管理和服务方式，全国实行告知性备案的项目占企业投资项目的比重已超过90%，为民间投资营造良好环境。

二、民间投资成为促进经济发展的重要力量

民间投资是推动我国经济增长的重要支撑。党的十八大以来，民间投资活力得到进一步激发，民营企业数量和注册资本增长迅速，民营经济贡献了90%以上的企业数量、60%以上的国内生产总值。

民间投资是优化产业结构、促进转型升级的主力军。民营企业机制灵活、贴近市场，在推进技术创新能力建设方面更能聚集创新资源。据研究机构统计，我国65%的专利、70%以上的技术创新成果、80%以上的新产品开发，都是由民营企业完成的，民营企业为我国经济发展注入了活力，在建设创新型国家中发挥着重要作用。特别是大型民营企业更是创新的典范。当前，新一轮科技革命和产业变革正在全球范围内孕育兴起，制造业重新成为全球经济竞争的制高点。民营企业作为制造业的主力军，在培育壮大新动能、优化现代产业体系等方面发挥引领示范作用，为建设制造强国提供有力支撑和持续动力。

民营企业是吸纳就业的重要蓄水池。民营经济作为国民经济的“生力军”，对稳定和促进城乡就业作出重大贡献，成为就业的主要承载主体。党的十八大以来，随着鼓励民间投资、促进民营经济发展一系列政策措施出台，民营企业就业人员持续增加，贡献了80%以上的城镇劳动就业。

民营企业是稳定我国税源的重要主体。在经济转型背景下，民营企业表现出较强的发展活力，税收贡献持续增加，成为我国主要的税收主体。民营企业税收收入占我国税收收入的比重超过50%，有的省（区、市）这一比重更高。

民间投资是参与国际竞争、走出去的重要力量。我国对外直接投资已连续多年居全球前列。其中，民营企业海外投资增长迅猛。同时，民营企业进出口持续增长，成为“主力军”。2019年，民营企业进出口额达13.48万亿元，增长11.4%，占我国外贸总值的42.7%，民营企业首次超过外商投资企业，成为我国第一大外贸主体。在国际环境错综复杂，贸易保护主义抬头的背景下，民营企业对外投资和出口保持增长，在积极参与国际竞争、推进“一带一路”建设、实施“走出去”战略中发挥着重要作用。

三、民间投资准入不断放开

各有关部门全面贯彻落实党中央、国务院部署，着力解决民间投资“玻璃门”“弹簧门”“旋转门”问题，不断放宽民间投资准入。

卫生健康领域。积极鼓励和引导社会力量办医，放宽社会办医的准入。允许社会力量自主申办营利性或非营利性医疗机构，优先支持举办非营利性医疗机构。调整和新增医疗卫生资源时优先考虑社会办医，在符合区域卫生规划总量和结构的前提下，让社会办医更多地自主决策床位数。普遍将二级医院由省下放到市或县（区）审批，推进清理规范审批事项，优化跨部门审批工作，实施“两证合一”审批改革，推进中医诊所等机构的备案制。同时，允许社会办医进医保。

文化旅游领域。近年来，随着国务院办公厅关于文化体制改革中经营性文化事业单位转制为企业的规定和进一步支持文化企业发展的规定等改革文件出台，社会资本特别是战略投资参与文化和旅游产业的机制逐步健全，有效推进了国有经营性文化旅游事业单位转企改制，以及市场主体多元化发展。通过加快建立文化旅游上市公司、大型集团公司、大型文旅联合体等企业集团和知名品牌，引导支持充满创新活力的中小微企业和文旅创客，逐步形成“以大型集团为龙头、中小企业活力充沛、新型业态持续涌现”的文旅产业良好发展局面。

社会服务领域。2019 年，国务院办公厅出台促进家政服务业提质扩容的意见，从完善培训体系、支持员工制家政企业、推动家政进社区、加强金融支持等 10 个方面提出了 36 条政策措施，这是党的十八大以来，在国务院层面首个家政服务业的政策文件，被称为“家政36条”，鼓励和引导民间资本加快进入家政服务业。

养老托育领域。国务院办公厅出台推进养老服务发展的意见，破解社会力量举办养老服务政策落实“最后一公里”难题。国家发展改革委牵头制定并出台促进“互联网+社会服务”发展的意见，鼓励各类市场主体依法平等参与“互联网+社会服务”供给。民政部牵头研究出台进一步扩大养老服务供给促进养老服务消费的实施意见，优化养老服务营商和消费环境。国家发展改革委会同商务部发布《鼓励外商投资产业目录（2019年版）》，鼓励外商投资老年人服务机构和养老机构。卫生健康委牵头研究制定深入推进医养结合发展的若干意见和建立完善老年健康服务体系的指导意见，鼓励社会力量参与医养结合。

电力领域。开展增量配电改革试点，售电侧市场竞争机制初步建立。有序放开发用电计划，2019年全国电力市场化交易电量约占全社会用电量的37.5%。稳步推进电力现货市场建设，加快探索市场化价格形成机制。推进电力交易机构规范运行和电力行业信用体系建设。首轮输配电成本监审共核减不相关、不合理费用约1 284亿元，启动第二轮输配电成本监审工作，独立输配电体系初步形成。

石油天然气领域。中共中央、国务院印发《关于深化石油天然气体制改革的若干意见》，中央全面深化改革委员会审议通过《石油天然气管网运营机制改革实施意见》，2019年12月，国家石油天然气管网集团有限公司实现管道独立，推动形成“X+1+X”油气市场体系。推进天然气产供储销体系建设。

基础电信领域。移动通信转售业务不断推进，已有数十家民营企业获得移动通信转售业务经营许可，累计发展用户超过 1 亿户。宽带接入网业务试点持续深化，2018 年试点城市范围扩大至 28 个省 203 个地级以上城市，发展用户近 1 000 万户。

四、各地探索形成了一批典型经验和做法

按照党中央、国务院部署，各地探索形成了一批典型经验和做法，有力促进本地区民间投资稳定增长。

充分依靠民营企业、民间投资，支撑地方经济发展。河南省许昌市把促进民间投资、发展民营经济作为稳增长的“主力军”，促转型的“主战场”，稳就业的“主渠道”，在优化营商环境、提高服务水平、打造特色产业、提升民营企业竞争力等方面，采取了一系列措施。民间投资持续保持良好增长态势，民营经济占经济总量的 80%，民间投资占全社会总投资的 90% 以上，成为河南省民营经济最发达、最活跃的地区之一。

深入推进简政放权，加强和改善政府服务。例如，广东省印发《关于推动构建新型政商关系的若干意见（试行）》，着力破解“亲”而不“清”或“清”而不“亲”等问题，尽可能全面列出政商交往“正面清单”和“负面清单”，给政商交往提供一张“明白纸”。

积极采取措施，努力破解民营企业融资难题。福建省推广“连连贷”“无间贷”等无还本续贷产品，对符合条件的企业给予借新还旧，创新“流水贷”“税易贷”等信用产品，对纳税信用记录良好的小微企业发放无抵押贷款。上海市出台促进中小企业发展条例，提出“两个不低于”。用于企业的各类专项资金中，中小企业的支持比例不低于 1/3；中小企业发展专项资金中，小微企业的支持比例不低于 1/3。

深化细化政策措施，吸引民间投资进入更多领域。浙江省台州市制定出台推广运用政府和社会资本合作模式的实施意见，发布 PPP 项目库，积极向民间资本推介。

营造公平透明市场环境，进一步减轻企业负担。湖南省长沙市推行工业用地“长期租赁、先租后让、租让结合”的供应方式，以及“弹性土地出让年限”的供地政策。允许工业园区标准厂房分幢分层办理产权分割登记手续。对现有工业用地，在符合规划、不改变用途的前提下，提高土地利用率和增加容积率的，不再增收土地出让金。

五、PPP 模式规范有序推广

2018 年 5 月，习近平总书记在全国生态环境保护大会上发表重要讲话，强调要提高环境治理水平，要充分运用市场化手段，完善资源环境价格机制，采取多种方式支持政府和社会资本合作项目，加大重大项目科技攻关，对涉及经济社会发展的重大生态环境问题开展对策性研究。我国对政府和社会资本合作（PPP）的探索始于改革开放初期吸引外商投资，例如，1984年深圳沙角B电厂、1995年广西来宾B电厂等项目。当前，包括BOT、TOT等PPP模式快速发展，已成为基础设施和公共服务的重要供给方式。

分阶段看，1984—2013年底，全国在高速公路、轨道交通、桥梁隧道、污水垃圾处理、能源等以使用者付费为主的领域共实施了3 000多个特许经营项目，涌现出一大批成功案例。2014年，国务院印发《关于创新重点领域投融资机制鼓励社会投资的指导意见》，在公共服务、资源环境、生态建设、基础设施等重点领域进一步创新投融资机制，建立健全政府和社会资本合作机制。2016年，中共中央、国务院印发《关于深化投融资体制改革的意见》，建立完善企业自主决策、融资渠道畅通，职能转变到位、政府行为规范，宏观调控有效、法治保障健全的新型投融资体制，鼓励政府和社会资本合作。按照党中央、国务院决策部署，国家发展改革委会同有关部门深化投融资创新、规范有序推广PPP模式，充分发挥市场在资源配置中的决定性作用，取得了积极成效。

PPP模式得到广泛推广应用。党的十八大以来，我国逐步建立了PPP项目储备、项目论证、社会资本方选择、项目执行等覆盖PPP项目全生命周期的操作流程和实施导则，推动PPP模式规范有序发展。PPP模式已成为深化投融资体制改革、创新投融资机制的重要手段，对促进民间投资、加强经济社会发展薄弱环节建设发挥了积极作用。根据全国 PPP 项目信息监测服务平台数据，截至 2020 年 6 月初，各地已录入项目共 7 192 个。其中，已通过项目审批、核准或备案，以及可行性论证、实施方案审查的重点推进项目 4 509 个。在 7 192 个项目中，项目数量排名前五位的行业分别是城市基础设施 2 841 个，农林水利 922 个，社会事业 829 个，交通运输 788 个，环保 760 个。上述五个行业项目个数占项目总数约为 85%、占总投资约为 87%。

PPP 政策体系不断完善。2014 年，国家发展改革委出台实施关于开展政府和社会资本合作的指导意见，合理确定政府和社会资本合作的项目范围及模式，建立健全政府和社会资本合作的工作机制。2015 年，出台基础设施和公用事业特许经营管理办法。2016 年，印发实施传统基础设施领域实施政府和社会资本合作项目工作导则，理顺 PPP 项目投资管理程序，规范 PPP 项目操作流程。依法依规加强 PPP 项目投资和建设管理，从全面、深入开展 PPP 项目可行性论证和审查，严格依法依规履行项目决策程序等方面提出了明确要求。与此同时，有关部门出台加强中央企业 PPP 业务风险管理的通知，从严格准入条件、严格规模控制、优化合作安排等方面作出规定。为加强 PPP 项目财政管理，财政部出台了 PPP 项目财政管理暂行办法，切实防范财政风险。

PPP 项目融资渠道不断拓宽。2015 年，在我国金融机构对 PPP 尚处于观望阶段，国家发展改革委、国家开发银行联合出台政策措施，充分发挥开发性金融的中长期融资优势及引领导向作用，积极为各地PPP项目建设提供“投资、贷款、债券、租赁、证券”等综合金融服务，并联合其他银行、保险公司等金融机构以银团贷款、委托贷款等方式，努力拓宽PPP项目的融资渠道。2017年，国家发展改革委出台政府和社会资本合作（PPP）项目专项债券发行指引，积极发挥企业债券融资对PPP项目建设的支持作用，拓宽PPP项目融资渠道。2015—2019年，连续5年安排中央预算内投资，支持各地积极推进PPP项目前期工作。加强投融资合作对接，从2020年1月起，逐月向9家PPP项目合作对接机制成员单位提供重点推进项目清单，推动规范的PPP项目尽快落地实施。此外，经国务院批准，设立了中国PPP基金。截至2020年5月底，中国PPP基金累计已决策项目155个，涉及项目总投资超过13 000亿元，累计拨款项目98个，涉及项目总投资超过8 500亿元。通过资产证券化，积极盘活存量PPP项目。2016年，国家发展改革委、中国证监会联合推进传统基础设施领域政府和社会资本合作（PPP）项目资产证券化相关工作，依托资本市场，积极推进符合条件的PPP项目通过资产证券化方式实现市场化融资，提高资金使用效率，更好地支持基础设施项目建设。

PPP模式推动了国际合作持续深化。2016年1月，国家发展改革委与联合国欧洲经济委员会签署合作谅解备忘录，明确双方将在PPP理论研究、经验交流、业务培训、实际操作等方面开展全方位合作。这是我国政府机构与联合国有关机构首次签署 PPP 领域合作协议。2017 年 5 月，在首届“一带一路”国际合作高峰论坛上，国家发展改革委与联合国欧洲经济委员会再次就“一带一路”PPP 合作签署谅解备忘录，推动发挥 PPP 模式在“一带一路”建设中的积极作用。此外，国家发展改革委与世界银行合作，利用世界银行贷款支持四川德阳水环境治理 PPP 项目，引入国际先进经验。

学习贯彻习近平新时代中国特色社会主义经济思想
做好“十四五”规划编制和发展改革工作
| 系列丛书 |

第四章

今后一段时期投资形势分析与展望

2020年以来，突如其来的新冠肺炎疫情对投资造成了较大冲击。今后一段时期，投资面临复杂的国际国内环境，在政策支持和强大国内市场支撑下，投资增长将有望逐步恢复到正常水平。同时，疫情发展等因素还存在诸多不确定性，投资增长仍面临一系列困难和挑战。

第一节

投资领域面临的机遇

一、强大国内市场支撑未来投资增长

2019 年，我国社会消费品零售总额为 41.1 万亿元，约为 5.96 万亿美元，即将成为全球最大的商品零售市场，电子商务领域零售交易额占全球交易总额的 40% 以上。我国消费结构进入快速升级阶段，恩格尔系数已由 1978 年的 60% 降到 2019 年的 28.2%。我国农村居民和城镇居民之间人均收入和人均消费水平仍然存在 10 年左右的差距，未来城乡消费升级将形成多个波次，持续向前推进，形成消费需求增长的持久动力。汽车及车后服务、高端定制化家电家居和家装、城市生活服务、“5G+ 人工智能商用场景”等新消费经济带来消费产品结构升级和新业态、新模式的兴起，将对投资产生巨大推动作用。

二、加快落实区域发展战略投资需求旺盛

我国区域协调发展战略旨在将不同的区域板块和重要轴带相结合，推动区域发展格局不断优化，推动形成具有战略意义的增长极。既抓中心城市和城市群的经济及人口的承载，突出这些大城市群的承载能力；又抓促进革命老区、民族地区、边疆地区、贫困地区加快发展，保障国家粮食安全、生态安全和边疆安全。这些战略在未来都将持续推进，显著增强各地区的发展活力，形成协同发展、多点支撑的投资新格局。

三、县城和城市群、都市圈投资增长加快

2020 年的《政府工作报告》提出，要大力提升县城公共设施和服务能力，以适应农民日益增长的县城就业安家需求。这就为县城加快投资建设提供了新的历史机遇。我国京津冀、长三角、珠三角、成渝、长江中游等 12 个城市群依靠不到 1/5 的国土面积，聚集了我国人口总量的六成，贡献了经济总量的八成。城市群和都市圈的区域一体化程度更高，是一种体现分工协作、生产要素共享的新型城镇化形态，成为我国城镇化发展的新路径。2020 年新型城

镇化建设和城乡融合发展重点任务提出，除了个别超大城市，其他城市都要放开落户限制，既包括广州、深圳等超大城市，也包括重庆、成都、武汉等特大城市，同时还包括济南、长春、大连等广大Ⅰ型大城市。城镇化过去、现在、未来都为投资稳定增长创造着动力源泉。

四、政策支持继续扩大有效投资

2020年，中央预算内投资将安排6 000亿元，比上年多224亿元；地方政府专项债券3.75万亿元，增加1.6万亿元；抗疫特别国债1万亿元，其中一部分转给地方用于补短板投资。重点支持既促消费惠民生又调结构增后劲的“两新一重”建设，加快新型基础设施建设，发展新一代信息网络，拓展5G应用，建设充电桩，推广新能源汽车，激发新消费需求、助力产业升级。加强新型城镇化建设，大力提升县城公共设施和服务能力，以适应农民日益增长的县城就业安家需求。新开工改造城镇老旧小区3.9万个，支持加装电梯，发展用餐、保洁等多样社区服务。加强交通、水利等重大工程建设。增加国家铁路建设资本金1 000亿元。政府投资还将发挥杠杆作用，有效带动社会投资的跟进。

五、制造业投资结构不断优化

高技术制造业投资保持较快增长。2013—2019年，我国高技术制造业投资年均增速达到15%以上，2019年高技术制造业投资占制造业投资比重稳步提高到20.1%。在高技术制造业投资中，民间投资比重也在不断提升。计算机、通信和其他电子设备制造业投资连续保持两位数增长。存量更新逐步成为企业投资的重点。同时，企业也同步加大对环保改造、技术改造、智能化改造的投入。特别是石油加工、黑色金属冶炼、非金属矿物制品等传统行业，加大设备更新力度。近年来，制造业投资中技术改造投资比重稳步上升。新型基础设施投资成为拉动制造业投资的潜在力量。自2019年正式启动5G商用以来，全国开通5G基站数量快速增长，中国移动、中国联通、中国电信基站建设投资大幅增加。近年来数据中心规模年均增速也处于较高水平。

六、民间投资保持稳定增长有较好的基础和条件

当前，我国经济发展的不确定性上升，下行压力有所加大，民营企业经营困难增多、投资意愿下降。但是，民间投资持续稳定增长仍有较多有利条件。从宏观经济情况看，我国经济拥有巨大的发展韧性、潜力和回旋余地，我国有14亿人口的内需市场，正处于

新型工业化、信息化、城镇化、农业现代化同步发展阶段，中等收入群体扩大孕育着大量消费升级需求，城乡区域发展不平衡蕴藏着可观发展空间。从投资机会看，随着我国经济由高速增长阶段转向高质量发展阶段，今后相当长一段时期，重点领域仍有较大投资需求。随着新技术的发展，推进5G、人工智能、工业互联网、物联网、数据中心等新型基础设施建设投资越来越迫切，研发和软件等高技术制造业投资潜力大，这都为我国民间投资发展提供了广阔的发展空间。

七、疫情应对催生大量投资机会

疫情应对在我国生物医药、公共卫生、5G网络、工业互联网、人工智能等领域催生了大量的市场需求和投资机遇。一些技术雄厚的制造业企业，抓住了疫情带来的“机会窗口”，做出前瞻性的投资调整，加快自主创新和数字化转型，由此创造出了新的投资需求。企业更加重视智能制造，推进少人化和柔性生产，人工智能、AI技术等在制造行业的应用会逐步深入，无人化、自动化进程加快；更加注重数字化转型，重视对BI、大数据分析等技术的实际应用；积极推进基于工业互联网的远程智能服务，制造业服务化和工业互联网平台应用将更加广泛。显而易见，疫情带来了远程、无人、在线等方面的巨大市场需求，新技术、新业态、新模式的不断涌现，给制造业和服务业投资带来了新的希望。

八、加快改革形成强大投资动力

2020年，中共中央、国务院印发《关于构建更加完善的要素市场化配置体制机制的意见》《关于新时代加快完善社会主义市场经济体制的意见》，提出要坚持深化市场化改革、扩大高水平开放，破除阻碍要素自由流动的体制机制障碍，扩大要素市场化配置范围，健全要素市场体系，推进要素市场制度建设，实现要素价格市场决定、流动自主有序、配置高效公平。建设高标准市场体系，实现产权有效激励、要素自由流动、价格反应灵活、竞争公平有序、企业优胜劣汰，加强和改善制度供给，推进国家治理体系和治理能力现代化。上述改革措施的出台将进一步破除阻碍投资健康发展的体制障碍，为各类投资主体提供更加良好的投资环境和创新生态环境，进一步提高投资者的积极性和主动性。

九、我国成为外资的避风港

我国抗疫成效显著，经济稳定恢复，努力保持国际供应链稳定性，已成为国际投资的避风港。贝莱德、摩根大通等在内的全球知名金融机构称我国为“全球资产避风港”，并先后加大了在华的资产配置。根据美国商会3月上旬的一项调查结果，84%的受访者没有计划因疫情而将生产或运营转移到中国境外。我国对跨国公司的吸引力在于拥有完善的产业生态系统，主要体现在生产要素价格优势、全球最为完整的产业配套体系、便利的融资环境、大量高素质劳动力、日益提升的创新能力、持续推动改革开放、努力打造高标准的营商环境等。我国有效控制疫情，展现出强大执行力，证明我国可以很好地为全球产业链、供应链提供稳定和安全的保障。

十、推进更高水平对外开放

为应对疫情，我国稳外资的政策力度进一步加大，中央和地方政府一系列政策“组合拳”不断打出。2020 年 3 月 9 日，国家发展改革委出台“稳外资 11 条”，从外资企业复工复产、加大推进重大外资项目的力度、落实负面清单等 5 个方面做好服务；4 月 1 日，商务部提出全力支持外企恢复正常生产经营秩序、持续优化外商投资环境等 24 条措施。2020 年 5 月出台的新时代推进西部大开发形成新格局的指导意见，也将大开发放置于突出重要的地位，努力增强国家经济发展的韧性、潜力和回旋余地，从而应对国内外经济环境的不确定性。上述举措有助于加快构筑我国全面开放的新格局，增强外商长期在我国投资的信心，让外商愿意来、留得住、有发展。

第二节

投资领域面临的挑战

“十四五”时期，我国发展仍处于战略机遇期，但机遇和挑战都有新的变化，面临的风险挑战不容忽视。

基础设施投资资金面临较大压力。当前，基础设施投资增速仍处历史低位，对整体投资贡献有所减弱，基础设施项目建设资金筹措出现一定困难。近年来，随着我国基础设施条件明显改善，基础设施投资增速由高位稳步回落，具有一定的客观必然性。但与此同时，地方政府刚性支出增加，投融资渠道收窄，基础设施投资资金难以落实，基础设施项目资金缺口加大，成为基础设施投资增长的主要制约因素。

制造业投资增长面临较大不确定性。尽管疫情后制造业企业复工复产逐步加快，制造业景气有所提升。但是，国内外需求不足，汽车消费不稳，计算机通信行业受到出口影响等，造成制造业投资整体需求有所下降。同时，上游原材料价格和人工成本有所上涨，导致制造业利润下降。需求不足和利润滑坡，削弱了制造业投资意愿，后续走势还面临较大不确定性。

民间投资增长仍存在一定制约因素。当前，民营企业融资难融资贵、特别是中小企业融资困难没有根本缓解，企业成本较高，是制约民间投资的重要因素。同时，民间投资主要集中在制造业和房地产开发领域，民间资本进入一些基础设施和公共服务领域还存在一定障碍。这些因素叠加，使民间投资继续保持较快增长面临一定压力。

投资项目要素保障力度有待加大。土地供给有限，一些项目因缺乏用地指标或用地手续办理时间过长，无法按时开工。砂石等原材料开发管控约束加强。能耗指标短缺，城市规划、土地规划调整困难，使项目落地实施受到不同程度影响。

新冠肺炎疫情对投资仍存在一定影响。国内疫情防控总体取得重大成果，但国外疫情发展形势仍然严峻，导致市场预期不稳、企业订单减少、定向支出不减、销售回款减少等问题交织，产业链复工复产不协同，企业面临较大市场风险，扩大投资意愿不强。同时，地方政府疫情防控刚性支出进一步增加，财政收入下降幅度较大，用于项目建设的政府投资支出受到一定影响。

学习贯彻习近平新时代中国特色社会主义经济思想
做好“十四五”规划编制和发展改革工作
系列丛书

第五章

以习近平新时代中国特色社会主义经济思想为指导做好“十四五”时期投资工作

“十四五”时期是我国全面建成小康社会、实现第一个百年奋斗目标之后，乘势而上开启全面建设社会主义现代化国家新征程、向第二个百年奋斗目标进军的第一个五年。要以习近平新时代中国特色社会主义经济思想为指导，扎实做好各项投资工作。

第一节

总 体 要 求

“十四五”期间，要认真学习贯彻习近平新时代中国特色社会主义经济思想，做好投资各项工作。

一、总体思路

“十四五”时期是我国全面建成小康社会、实现第一个百年奋斗目标之后，乘势而上开启全面建设社会主义现代化国家新征程、向第二个百年奋斗目标进军的第一个五年。必须以习近平新时代中国特色社会主义经济思想为指导，坚持稳中求进工作总基调，坚持新发展理念，坚持以供给侧结构性改革为主线，落实高质量发展要求，聚焦关键领域和薄弱环节加大补短板力度，发挥投资的关键作用，促进形成强大国内市场，保持经济平稳健康发展。

二、基本原则

做好“十四五”期间投资工作，要认真把握好以下几个原则。

一是坚持党的集中统一领导。投资工作要不断增强“四个意识”、坚定“四个自信”、做到“两个维护”，自觉在思想上政治上行动上同以习近平同志为核心的党中央保持高度一致。必须坚持党的全面领导，确保党始终总揽全局、协调各方。坚持从严治党，不断加强项目审批管理、投资安排管理和招投标制度设计和监管等，加强廉政建设，严格执行中央八项规定精神，坚决反对“四风”。

二是坚持服务于国家重大战略。投资工作要积极推进重大战略实施，聚焦区域协调发展，加快国家重大战略项目建设。深入推进供给侧结构性改革，精准聚焦关键领域和薄弱环节，加快补齐短板弱项，合理扩大有效投资，充分发挥投资对优化供给结构的关键性作用。坚持资金和要素跟着项目走，加大项目资金、用地、能耗等要素保障力度，加快推进项目开工建设。

三是坚持正确处理好投资与环境、资源的关系。投资工作要牢固树立创新、协调、绿色、开放、共享的新发展理念，坚持高质量发展，加大相关领域投资力度，注重投资质量。投资项目要注重保护生态环境，坚持绿水青山就是金山银山的理念；注重节约资源，推动形成绿色发展方式和生活方式。加快建设资源节约型、环境友好型社会，推进美丽中国建设。

四是坚持服务于满足人民美好生活需要。投资工作要牢固树立以人民为中心的发展思想。巩固脱贫攻坚成果，关心和扶持困难群众。加大公共卫生、教育、养老、育幼、体育、文化、旅游等民生领域支持力度，推动实现基本公共服务均等化。坚持“房住不炒”，实施老旧小区改造，促进房地产市场平稳健康发展。加大其他民生领域投入，满足人民日益增长的美好生活需要。

五是坚持正确处理好政府投资与民间投资关系。投资工作要更好发挥政府作用，政府投资重点保障中央部署的重大战略和重大工程，规范编制政府投资计划，集中力量办大事、难事、急事，有所为、有所不为，有所先为快为、有所后为慢为，发挥好“四两拨千斤”的引导带动作用。要充分发挥市场在资源配置中的决定性作用，充分激发民间投资活力，大力改善营商环境。

六是坚持投资领域改革开放。投资工作要坚持深化投融资体制改革，健全政府投资管理体制，加强投资项目事中事后监管，加强投资信息化管理建设。要有效应对重大风险挑战，防范粮食安全、能源安全等可能出现的风险，坚持尽力而为量力而行、防范化解地方政府隐性债务风险。要坚持投资领域对外开放，“引进来”和“走出去”并重。

三、主要目标

“十四五”期间，做好投资工作，要做到思路清晰、目标明确、任务具体。争取到“十四五”期末，固定资产投资保持稳定增长，投资精准有效性全面提高，投资质量效益显著提升，各领域短板弱项加快补齐，政府投资管理进一步规范，民间投资活力有效激发，投融资体制改革持续深化，项目资金和要素得到有效保障，一大批重大项目建成投产发挥效益，地方政府债务风险得到有效防控，投资对优化供给结构的关键性作用不断增强，投资对经济社会发展的贡献提高到新的水平。

第二节

重点投资领域的建设任务

一、交通基础设施

（一）铁路

“十四五”期间，铁路将聚焦大战略、大通道、大布局，突出服务国家重大战略，精准实施补短板、强弱项，为全面建设社会主义现代化国家提供基础支撑。加快贯通干线网络。构建“八纵八横”高铁主通道，加快推进沿江、沿海等重大高铁通道项目建设，实现省会城市高速铁路通达、区际之间高效便捷相连。有序推进城际和市域（郊）铁路建设。以规划为指导，加快京津冀、长三角、粤港澳大湾区、成渝等重点城市群和都市圈城际铁路建设，构建“轨道上”的城市群，同时鼓励有条件的重点都市圈发展市域（郊）铁路，坚持改造与新建并重，充分利用既有铁路开行市域（郊）列车，稳步实施新建项目，打造“1小时”通勤重点都市圈。着力补齐集疏运体系短板。加强线站衔接，优化完善城市铁路枢纽布局，加快实施一批枢纽改造及设施配套工程，加强铁路枢纽与其他交通方式便捷换乘、一体化发展。同时，以优化调整运输结构为目标，加快推进铁路专用线进重点港口、大型物流园区和重要工矿企业，破解多式联运“最后一公里”难题。

（二）公路水路

公路建设方面。按照东部加密提质、中部畅通提级、西部通达提档、边境联通、国际互联的总体要求，以主线扩容改造和并行性联络线为重点加快国家高速公路建设；根据地方实际需求，有序推动地方高速公路建设；畅通南北干线运输大通道和城市群内外通道，加快推进长江干线过江通道建设；以通县国道为重点，继续加强普通国、省道未贯通路段建设和低等级公路改扩建；以提质改造和纵深拓展为重点，深入推进“四好农村路”建设。

水路建设方面。以高质量发展为核心，按照布局合理、建设有序、服务提质、联运补强、智慧绿色的总体要求，以国际枢纽港和主要港口为重点，推动港群合理布局与分工，建设京津冀、长三角、粤港澳三大世界级港口群；积极贯彻落实国家重大战略，加快推动一批重大港航工程建设；补集疏运短板，打通进港铁路“最后一公里”，疏通进港公路“堵点”，大力推进公转铁、散改集和海铁联运、江海河联运发展。以绿色化智慧化发展为方向，推动港口智能化发展，加快岸电推广利用。

（三）民航

推进民航重大工程项目建设实施，是做好“六稳”“六保”工作，推动基础设施领域精准补短板的需要，既能扩大有效投资、提振有效需求，也能增加有效供给、推动动能转换。进一步统筹协调民用运输机场和通用机场布局，结合国家战略、区域经济社会、综合交通运输体系发展要求，加快构建覆盖广泛、分布合理、功能完善、集约环保的现代化机场体系。持续推进京津冀、长三角、粤港澳大湾区、成渝地区双城经济圈世界级机场群建设，实施枢纽机场新建、迁建和改扩建工程，增强北京、上海、广州、深圳、成都、重庆、昆明、西安、乌鲁木齐、哈尔滨等国际航空枢纽机场功能，提升区域航空枢纽机场功能。有序推进支线机场建设，进一步提高民航服务覆盖面。加快通用机场建设，充分发挥通用航空在短途运输、医疗救援、应急保障等方面的重要作用。支持航空货运发展，充分挖掘既有综合性机场货运设施能力，有序推进专业性货运枢纽机场建设。

二、农业农村

（一）加快补齐农业生产发展短板

依据《国务院关于建立粮食生产功能区和重要农产品生产保护区的指导意见》《全国高标准农田建设总体规划》《国务院办公厅关于切实加强高标准农田建设提升国家粮食安全保障能力的意见》等要求，确保完成到2020年建成8亿亩高标准农田，到2022年实现建成10亿亩高标准农田的目标。重点在粮食生产功能区和重要农产品生产保护区，开展整治田块、建设灌排设施、整修田间道路等工程，支持丘陵山区农田宜机化改造，提高高标准农田建设质量，加快补齐农业生产发展短板，稳定保障1万亿斤以上粮食产能。

（二）完善现代农业支撑体系

结合“十四五”专项规划编制，加快现代种业发展，加强种质资源保护利用、品种测试、育种创新能力提升、制（繁）种基地等基础设施建设。根据《全国动植物保护能力提升工程建设规划（2017—2025年）》，继续加强动植物疫病虫害监测、诊断和防治等相关基础设施建设，加强植物保护和动物防疫体系建设，提升动植物保护监测预警、预防控制、应急处置、检疫查验能力。

（三）加强农业科技创新能力条件和“智慧”农业建设

根据《国家创新驱动发展战略纲要》《乡村振兴战略规划（2018—2022年）》以及《数字乡村发展战略纲要》等要求，继续实施农业科技创新能力条件和“智慧”农业建设，支持重大农业科学等工程建设，强化农业基础研究，实现前瞻性基础研究和原创性重大成果突破，提升农业科技创新水平。大力提升数字化生产力，加强智慧农业和数字乡村建设，开展农业物联网、大数据、区块链、人工智能、5G等新型基础设施建设和现代信息技术应用，全面提升农业农村数字化、智能化水平。

（四）加快农村基础设施和公共服务能力补短板建设

继续推进农村人居环境整治提升。巩固和深化农村厕所革命成果，逐步普及户用卫生厕所。积极推进农村生活垃圾分类，因地制宜建设资源化处理设施。梯次推进农村生活污水治理，开展农村黑臭水体治理。加快推进农作物秸秆、畜禽粪污资源化利用设施建设。支持开展村庄清洁和绿化行动。根据《乡村振兴战略规划（2018—2022年）》等要求，进一步完善农村基础设施和公共服务设施。推动“四好农村路”工程建设，有序推进较大人口规模自然村（组）等通硬化路建设。加快农村电网建设，推进新一轮农村电网升级改造。加强农村教育基础设施建设，改善落后地区办学条件。改善农村教育基础设施。健全农村医疗卫生服务体系，提高农村医疗服务水平。

三、水利

（一）推进防汛抗旱能力提升，保障防洪安全

贯彻“两个坚持、三个转变”的防灾减灾新理念，按照“消隐患、强弱项”的思路，全面实施防汛抗旱水利提升工程，加快推进防洪控制性枢纽工程建设、重点蓄滞洪区调整与建设，加强中小河流治理，推进重点区域排涝能力建设，实施山洪灾害防治，提升沿海防潮防台风能力，强化流域防洪调度，整体提升洪涝灾害防御能力和超标准洪水应对能力，保障人民群众生命财产安全和经济社会稳定。

（二）强化节水和水资源合理配置，保障供水安全

坚持节水优先，强化水资源刚性约束，按照“挖潜力、强骨干”的思路，坚持“确有需要、生态安全、可以持续”的原则，论证推进一批重点水源和引调水骨干工程，逐步完善“四横三纵”的国家骨干水资源配置工程，因地制宜推进城乡一体化供水，开展灌区现代化建设与改造，提高灌溉供水保障率，在水土资源条件适宜地区新建一批大型灌区，全面提升国家水资源配置和城乡供水安全保障能力。

（三）加强水生态环境保护修复，维护河湖健康

以保障“两屏三带”为主体的国家生态安全、满足人民群众对健康水生态、宜居水环境的要求为目标，按照“重保护、促修复”的思路，坚持保护优先、自然恢复为主，加强水源涵养、河湖保护和地下水保护，研究实施重大水生态保护与修复工程等，扩大优质水生态产品供给。针对重点区域，加强水源涵养区生态保护与修复，推进水土保持生态建设，加大重点河湖生态保护和综合治理力度，实施地下水超采区综合治理。

（四）加强水利信息化建设，提升水利智慧化水平

根据建设网络强国、数字中国、智慧社会的战略部署，对标“安全、实用”的水利网信发展总要求，按照“强感知、增智慧”的思路，研究推进智慧水利建设，构建天空地一体化水利感知网，全面加强江河湖泊、地下水、水利工程、水利管理活动和水文、水资源、水环境、水生态、工程安全、洪涝干旱灾害等涉水信息的监测感知，完善全面互联高速可靠的水利信息网，推动水利大数据中心和综合监管平台建设，推进涵盖水利核心业务的智能应用，完善网络安全体系。

（五）强化重大战略水安全保障，促进区域高质量发展

根据国家区域发展战略总体部署，针对区域水安全保障关键问

题，坚持以水而定，因地制宜、分类施策，全面提升水安全保障和风险防范化解能力，为京津冀协同发展、长江经济带发展、粤港澳大湾区建设、长三角一体化发展、海南全面深化改革开发、黄河流域生态保护和高质量发展等国家重大战略实施提供支撑和保障。

四、能源

（一）石油天然气

坚持“全国一张网”总体思路，继续加快西气东输、川气东送二线、中俄东线南段等干线管网建设，加强地下储气库、沿海 LNG 接收站与国家干线管网互联互通，加快辽河储气库群等地下储气库和唐山曹妃甸、天津南港等 LNG 接收站项目建设，推动补齐储气能力短板，构建协调稳定的油气供应保障体系。

（二）电力

水电。以流域水电基地为依托，推进水电、风电、光伏发电多能互补协调发展，推动大型综合清洁能源基地建设。积极推进西南地区重点河流水电规划建设，加快完成规划论证工作，抓紧推进项目前期准备。继续推进西南地区重点河流水电开发，在做好生态环境保护和移民安置的前提下，推进具有开发经济性的金沙江上游、大渡河上游、雅砻江中游重点梯级开发建设。开展新一轮抽水蓄能发展中长期规划，完善抽水蓄能电站建设和运行相关支持政策。统筹新能源外送基地、受端负荷中心和各区域电网电力负荷发展需要，加快推进纳入规划、条件成熟的大型抽水蓄能电站建设。

风电。有序推进“三北”资源富集地区陆上风电规模化发展。发挥“三北”资源优势，进一步提升风电满发小时数，降低全生命周期度电成本，规划建设大型风电外送基地，不断提升外送通道风电电量的比重。推动中东南部陆上风电实现与生态协调发展。按照生态协同的原则加快推动分散式风能资源开发，探索分布式多能互补开发利用场景，加快推广含分散式风电的智能微电网应用技术，实现风电的多元化和高效应用。稳妥推进海上风电发展。持续推动近海风电发展，规模化带动产业化，促进成本降低。通过发挥规模效益，加快海上风电集成化发展，积极推动深远海海上风电建设。探索开展海上风电与海洋能、氢能综合一体化互补利用项目示范。

光伏发电。推动集中式光伏电站发展，促进光伏发电技术进步与成本降低，结合我国光照资源与土地条件，综合考虑消纳空间等因素，充分发挥规模化建设在促进电价下降和产业升级的关键支撑作用，支持各地建设一批平价及低价光伏基地。推动分布式光伏发展，探索分布式光伏发电市场化发展模式，发挥分布式发电形式多样、占用土地资源少、就地消纳等优势，稳步推进工商业分布式与户用光伏发展。推进光伏建筑一体化发展，鼓励在建筑屋顶、墙面、地面等开展光伏建筑一体化应用。

煤电。按照坚守安全底线、严格控制增量的原则，因地制宜做好煤电布局和结构优化。东部地区主要依靠外来电，适度布局合理支撑性煤电；中部地区依托蒙华铁路布局路口煤电，同时新增一定规模外来电；西部地区在满足自身需求前提下，依托综合能源基地适当布局合理规模煤电项目。

电网。做好跨省跨区输电通道规划建设。发挥重点电网工程在优化投资结构、清洁能源消纳、电力精准扶贫等方面的重要作用，积极推进跨省跨区重点输电通道建设，重点包括西部综合能源基地、西南水电基地等外送通道，满足我国西部地区能源资源开发和中东部地区用电需求。优化区域主网架规划建设。科学构建区域电网网架，优化各区域电网结构，提高电网运行效率和安全稳定水平。做好电网主网架规划建设工作，积极协调落实建设资金，加强贫困地区电网主网架建设。推进城镇配电网和智能电网建设。持续推进城镇配电网建设改造新业态、新技术发展，打造重点城市一流配电网。落实国家战略要求，协调电网企业加大支持粤港澳大湾区、长三角一体化等区域智能电网建设，实现高标准高质量供电保障。加强监督管理，密切跟踪项目进展，推动城镇配电网规划项目落实。结合乡村振兴战略部署，重点谋划实施乡村电气化提升工程，持续推进农村电力建设，进一步提高偏远地区供电保障水平，促进城乡电网统筹发展，推进乡村能源生产和消费转型升级。

（三）煤炭

煤矿。煤炭行业将从“量的积累”转移到“质的提升”，围绕构建清洁低碳、安全高效的能源体系，不断提高行业发展的质量、效率和效益，加快构建现代煤炭经济体系。大力推进系统性优产能，统筹好资源禀赋、开发强度、市场区位、环境容量等因素，确定重点建设开发区域，按照产能置换原则布局建设一批先进产能煤矿，不断提升煤炭安全稳定供应保障能力。推进煤矿智能化建设，加快生产煤矿智能化改造，提升新建煤矿智能化水平，建设一批智能化示范煤矿项目。推动煤炭绿色开发。因地制宜推广保水开采、充填开采等技术，加强矿区生态环境治理，发展矿区循环经济。健全煤炭储备体系，鼓励有条件的企业在煤炭生产地、消费地、铁路交通枢纽、主要中转港口建立煤炭产品储备，按照合理辐射半径，培育建设一批储煤基地。

煤制油气。结合有关省（区）煤炭资源、水资源、生态环境容量、用地、市场等条件，建设煤制成品油、煤制天然气重大示范工程。

五、社会民生

（一）完善多层次教育体系，促进人力资本培育

继续将教育放在优先位置发展，基本公共教育服务均等化程度将要上一个台阶。努力建立健全基本公共教育资源均衡配置机制，逐步缩小差距，推进城乡义务教育一体化发展，对困难群体精准帮

扶，让全体人民享有更公平的教育。进一步促进高等教育内涵发展，优化高校区域布局、学科结构和专业设置，培养创新人才和高素质人才。完善学历教育与培训并重的现代职业教育体系。把发展中等职业教育作为普及高中阶段教育和建设中国特色职业教育体系的重要基础。着力建立高水平高素质专业化创新型教师队伍，建立现代化教师教育体系，坚持把教师队伍建设作为基础工作，全面完善师德师风建设、教师管理和发展的政策体系，建设党和人民满意的教师队伍。加快建设全民终身学习型社会。构建更加开放通畅的人才成长通道，拓宽学历教育渠道，创新教育教学模式，改善信息基础条件。

（二）继续补齐卫生健康领域短板，为人民群众提供更好的医疗服务

坚持补短板、强弱项、提质量、促整合、优布局，以基层为重点，预防为主、防治结合，突出中西医并重，推进优质医疗资源扩容，完善全方位全生命周期服务，推动医疗卫生资源从规模扩张向整合协同转变，围绕国家重大战略和经济社会重大需求优化布局。倡导医研企协同的临床研究，促进高水平研究型医院（区分专科方向、含中西医）临床研究评价、医学成果转化；发挥国家和省级高水平医院人才、技术和品牌优势，增加优质医疗资源向中西部等资源短缺地区供给；鼓励通过委托管理、专科联盟等多种方式引入省级优质医疗资源，补齐中西部地区的薄弱县县级医院（含中西医）

和中心乡镇卫生院能力短板，满足边远乡镇和村群众医疗需求；按照点面结合、突出重点、有序推进的原则，加强重大疾病防控；重视并支持中医名医资源的保护与传承，鼓励中医药创新研究。

（三）加强文化旅游领域建设，推动国家文化安全、完善旅游基础设施

加强中华民族优秀传统文化的继承和弘扬，深入挖掘文化内涵和时代价值，推进长城、大运河、长征、黄河等国家文化公园建设，着力打造中华文化重要标志，加强国家级文化生态保护区建设和其他重要非物质文化遗产保护利用，进一步厚植非物质文化遗产传承土壤。加强国家公园和国家级自然公园生态系统、自然遗迹、自然景观的系统保护，加快建立以国家公园为主体的自然保护地体系。扎实推进党中央、国务院已经明确、与国家文化安全直接相关的公共文化领域重大项目，补齐农村地区、贫困地区、少数民族地区公共文化服务短板，持续完善城乡公共文化体系，切实维护国家文化安全，满足人民公共文化服务需要。坚持全域旅游的发展思路，紧密结合大众旅游消费多元化、品质化、特色化特征，以重点旅游景区为基础打造世界级旅游目的地，以乡村旅游和自驾游为重点扩大休闲旅游产品，进一步完善旅游基础设施和公共服务设施，广泛应用新技术新手段提升服务管理效能，着重解决我国旅游业发展不平衡不充分的突出矛盾，以及同质化单一化等突出问题，推进旅游业高质量发展。

（四）完善社会福利体系建设，提高人民群众的获得感幸福感安全感

完善社会福利服务体系。推进儿童福利（含未成年人保护）机构建设，促进流浪乞讨人员救助服务网络覆盖面，鼓励地方建设公益性殡葬设施。支持集供养、康复、护理、医疗和社区支持等功能为一体的精神卫生福利设施建设。实施烈士纪念设施升级改造，推进军人公墓建设。支持优抚医院、光荣院建设，鼓励医养结合型养老企业集团化发展。实现残疾人服务设施全覆盖。

完善养老和托育领域建设。聚焦“一老一小”领域，积极应对人口老龄化，以县城为主要载体优化资源配置，完善服务体系、丰富产品供给，推动实现适度生育水平，促进经济发展与老龄化进程相适应。逐步完善养老托育服务，支持居家社区养老服务网络建设，提升公办养老机构能力，深入实施普惠养老，加快形成居家社区机构相协调、医养康养有机结合的养老服务体系。深入实施普惠托育，推动托育服务技术创新；持续推动“一老一小”服务产品创新发展，依托各类合作平台、国际交流等，鼓励康复辅助器具及婴幼儿相关产品设备在养老托育照护领域的应用推广，培育拥有自主品牌的先进制造业。积极发展“互联网＋养老服务”，鼓励互联网平台与养老院互联互通；鼓励发展养老产业集群，结合地方产业基础，推动养老产业链延链补链工程，引导养老产业园区化发展，开发康复辅具、食品药品、服装服饰、养老照护、智慧健康养老以及

护理照料、休闲娱乐、文化旅游等老年用品和服务。促进养老产业与教育培训、健康、体育、文化、旅游、家政等产业融合发展，支持有条件的地方打造旅居养老目的地；营造老年人友好环境，鼓励各地加大城乡老旧小区、老旧楼房以及公共场所、公共交通等设施设备适老化改造力度。推动社区养老服务设施补短板，发展为老志愿服务，为老年人在社区就近就便养老提供软硬件支撑。加强应对人口老龄化综合评估，选择有代表性的区域开展应对人口老龄化综合试点，积极开展应对人口老龄化国际合作。

（五）加大公共卫生应急物资仓储建设投入，全面提高应急物资保障水平

积极推动公共卫生应急物资仓储设施建设。借鉴国内外经验，进一步提高仓储设施管理水平。积极引导地方和企业加大储备设施投入。科学合理布局建设医疗等应急物资储备库，用于医疗等应急物资储备；具备条件的地方可根据需要配建冷库等设施，满足紧急情况需要。

六、生态建设

（一）森林草原资源培育等生态保护修复重点工程

进一步深入推进国土绿化，实施天然林资源保护、退耕还林还

草、“三北”等重点防护林建设、退牧还草、退化林修复、森林质量精准提升等林草生态保护修复工程，以造林种草、封山育林、退化林修复、退化草原改良、围栏建设等为主要建设内容，补“天窗”、接“断带”，建设生态防护体系，构筑完备的绿色长城。

（二）重点区域生态综合治理工程

以国家重点生态功能区、生态保护红线、国家级自然保护地等为重点，统筹考虑生态系统完整性、地理单元连续性和经济社会发展可持续性，推进青藏高原生态屏障区、黄河重点生态区（含黄土高原生态屏障）、长江重点生态区（含川滇生态屏障）、东北森林带、北方防沙带、南方丘陵山地带、海岸带等重点区域生态保护和修复，加强自然保护地及野生动植物保护、生态保护和修复支撑体系建设，优化生态安全屏障体系，提高生态系统自我修复能力，提升生态系统质量和稳定性，增强生态系统功能，扩大优质生态产品供给，推进形成生态保护和修复新格局，为维护国家生态安全、加快建设美丽中国奠定坚实的生态基础。

（三）国家重点战略区域生态建设工程

实施重点生态保护和修复工程，要紧紧围绕国家重大战略部署推进。加快推进京津冀、长江经济带、黄河流域等区域生态保护修复和高质量发展。立足京津冀协同发展需要，持续推进京津风沙源治理、河北雄安新区造林绿化项目及白洋淀上游规模化林场建设试点，增加林草植被覆盖度，提高自然生态系统质量和稳定性。牢牢把握长江经济带“共抓大保护、不搞大开发”的战略导向，以生态系统的综合整治和自然恢复为重点，加强森林、河湖、湿地生态系统保护，继续实施长江防护林体系建设、湿地保护恢复等重大生态保护修复，切实加强大熊猫、江豚等珍稀濒危野生动植物及其栖息地保护恢复，加快打造长江绿色生态廊道。遵循“共同抓好大保护，协同推进大治理”的理念，科学开展林草植被保护和建设，提高植被覆盖度，加强黄河三角洲等湿地保护和修复，增强黄河流域生态系统稳定性。

（四）生态保护支撑体系建设工程

继续完善森林草原火灾、有害生物、沙尘暴、野生动物疫源疫病防治等生态灾害预防和管理机制，增强生态系统抗风险能力。加强种质资源的保护研发利用，建设林草种质资源保存库、良种基地等设施。实施林草科技创新战略。强化基础前沿和核心关键技术原始创新，推动产业技术群体性突破。围绕生态保护修复、绿色产业等重点领域，结合国家重大生态工程需求，开展林草重大科技基础设施建设，推进生态定位站、科技推广站（室）和大数据建设。建立林草生态网络感知系统，构建森林草原湿地荒漠监测预警评估体系，实时掌握资源状况及动态变化，及时发现和评估重大生态灾害、重大生态环境损害情况。

（五）自然保护地体系建设工程

在国家公园体制试点基础上，开展国家公园生态保护修复等基础设施建设。继续推进国家级自然保护区、自然公园基础设施建设，提高区域自然生态系统保护能力。健全覆盖面广、连通性强、层级合理的湿地保护地体系，大力加强湿地生态保护修复，实施湿地保护恢复工程，对集中连片、破碎化严重、功能退化的湿地进行修复和综合整治，推进退耕还湿、退塘还湿。

七、环境保护

（一）生活垃圾处理

加快完善生活垃圾分类收集和分类运输体系。全面推进城市生活垃圾分类收集、分类运输设施建设。到2023年，《生活垃圾分类制度实施方案》明确的46个重点城市全面建成生活垃圾分类收集和分类运输体系。鼓励具备条件的地级以上城市基本建成与生活垃圾清运量相匹配的生活垃圾分类收集和分类运输体系。建制镇逐步提高生活垃圾收运能力并向农村地区延伸。大力提升垃圾焚烧处理能力。垃圾焚烧发电设施要严格落实“装、树、联”相关要求。开展既有焚烧处理设施提标改造，加快建设焚烧飞灰处置设施。建设垃圾焚烧设施应同步明确飞灰处置途径，保障飞灰安全处置。慎重规划建设生活垃圾填埋场。因地制宜推进厨余垃圾处理设施建设。稳步提升厨余垃圾处理水平。按照科学预估、适度超前原则，稳步推进厨余垃圾处理设施建设。

（二）生活污水处理

推进污水收集管网建设及运行维护。新建城区污水管网应与市政道路同步建设，严格落实雨污分流制。加快推进污水管网建设，基本消除生活污水收集处理设施空白区。加强污水处理设施与污水排放量、收集量的匹配，保证污水处理设施能力有一定的冗余，且正常运行在75%的负荷率及以上。提高污水处理厂效率，着重考核污染物削减量。推进污水资源化利用。指导各地“十四五”期间从资源化利用的高度开展城镇污水处理工作，将处理后达到一定水质标准的再生水纳入水资源统一配置，与常规水源进行统筹管理使用。污水处理“厂网融合”提质增效，推进污泥无害化资源化处理处置，加快补齐城镇污水处理设施短板。

（三）固废危废处置

全面实施绿色开采，减少矿业固体废物产生和贮存处置量。推动大宗工业固体废物资源化利用，以尾矿、煤矸石、粉煤灰、冶炼渣、工业副产石膏等大宗工业固体废物为重点，推动大宗工业固体废物综合利用产业规模化、高值化、集约化发展。逐步实现畜禽粪污就近就地综合利用，推动区域农作物秸秆全量利用，提升废旧农膜再利用水平。按照“省域内能力总体匹配、省域间协同合作、特殊类别全国统筹”的原则，统筹危险废物处置能力建设，鼓励危险废物集中处置设施同时配备综合利用、焚烧、物化和安全填埋等工艺装置，按照“四位一体”处置中心模式进行设计和建设。

按照“省域内能力总体匹配、省域间协同合作、特殊类别全国统筹”的原则，统筹危险废物处置能力建设。鼓励危险废物集中处置设施同时配备综合利用、焚烧、物化和安全填埋等工艺装置，按照“四位一体”处置中心模式进行设计和建设。

（四）医疗废物处置

积极推进大城市医疗废物集中处置设施应急备用能力建设。直辖市、省会城市、计划单列市、东中部地区人口1 000万人以上城市、西部地区人口500万人以上城市，对现有医疗废物处置能力进行评估，综合考虑未来医疗废物增长情况、应急备用需求，适度超前谋划、设计、建设。大力推进现有医疗废物集中处置设施扩能提质，加快补齐医疗废物集中处置设施缺口，健全医疗废物收集转运处置体系，建立医疗废物信息化管理平台。

八、新型基础设施

（一）强化信息基础设施建设

推进信息网络演进升级。推动5G网络连续覆盖和室内场景深度覆盖，扩大千兆光纤宽带接入网络覆盖，深入优化网络架构，打造全覆盖全连接物联网体系。统筹数据和计算设施建设。加快构建全国一体化大数据中心，积极推进重点领域行业大数据平台建设，完善数据共享开放平台。发展高性能智能计算，持续加强通用云计算能力建设，结合特定场景应用开展边缘计算节点建设。加快发展新兴技术。加快人工智能基础设施建设和应用，推进人工智能在城市管理、辅助诊疗、生物医药、智能制造等领域落地部署。推进构建区块链公共服务网络设施，推动区块链和实体经济深度融合。

（二）加快融合基础设施改造

加快推广工业互联网部署和应用，鼓励跨行业跨领域工业互联网平台做大做强。积极推进传统基础设施智能化升级。深入推进5G、物联网、大数据、人工智能等信息基础设施与传统基础设施融合发展。加快高速公路和城市道路路侧设施智能化升级，推广车用无线通信网络覆盖。构建能源互联网体系，大力发展智能电网和智慧能源系统。加快社会管理和公共服务基础设施智能化改造。完善提升智慧城市智能运营中心功能，对于城市管理和公共服务所需要的云计算、人工智能、区块链等共性能力设施，进行有效整合和统筹规划部署，加快智慧学校、智慧医院等建设。

（三）支持创新基础设施建设

聚焦前瞻性、引领性、原创性基础研究，适度超前布局建设国家重大科技基础设施，研究建立重大科技基础设施建设运营多元投入机制，支持民营企业参与关键领域技术研发。推动高校、科研院所加强新兴交叉学科的科教基础设施建设，重点加强战略高技术研发保障条件和基础研究基地，以及若干交叉前沿领域研究平台建设。合作共建产业技术创新基础设施，加快搭建重点产业创新中心、工程研究中心、公共服务平台，积极建设新技术、新产品、新工艺、新材料试验验证平台和应用试验基地。

九、新型城镇化、保障性安居工程

（一）新型城镇化

进一步加强对城市群和都市圈发展的规划引导，尽快完成城市群和都市圈规划，并根据城市发展规律合理确定城市群和都市圈的范围，防止盲目扩大范围。强化城市群和都市圈内现代交通、信息、电力、管道等基础设施网络的规划、布局和建设，发挥基础设施网络对城镇合理布局和分工的支撑和引领作用。在统一市场、公平竞争基础上，形成合理的城市间分工协作关系，优化并发挥好中心城市辐射带动作用，支持大中城市承接产业和优质公共服务资源，加快推进县城城镇化建设，补齐基础设施和公共服务短板。

补齐城市功能短板弱项。一是健全市政公用设施，完善垃圾无害化资源化处理设施和污水集中处理设施；以大江大河沿岸沿线城市为重点，加快补齐城市防洪排涝设施短板，力争5年内城市内涝治理取得明显成效。二是推进老旧小区更新改造，完善水电气信等配套基础设施和养老托育、停车、便民市场等公共服务设施，改善老旧小区居住条件，满足市民安居需求。三是加强公共卫生防控能力建设，响应疫情常态化防控需要，健全公共卫生防控救治设施，保障人民群众生命安全和身体健康。

（二）保障性安居工程

继续着力改善城镇中低收入居民和新市民住房问题，并加大城镇老旧小区的改造力度，让广大住房困难群众有更多获得感、幸福感和安全感。重点改造2000年底前建成的城镇老旧小区，完善小区配套和市政基础设施、环境，提升社区养老、托育、医疗等公共服务水平。继续稳步推进棚户区改造，坚持既尽力而为，又量力而行，科学确定年度棚户区改造任务，严格把握棚户区改造范围和标准，重点改造老城区脏乱差的棚户区和国有工矿区、林区、垦区棚户区。

对于人口净流入较多、住房保障需求较大的大中城市，加大公租房保障力度，加快促进解决城镇中低收入居民和符合条件新市民住房困难问题。对低收入住房困难家庭实现应保尽保，对中等偏下及以下收入住房困难家庭在合理轮候期内予以保障，对符合条件的环卫工人、公交司机等重点群体、重点产业困难职工实施精准保障，对符合条件的新就业无房职工、外来务工人员等其他新市民住房困难群体持续加大保障力度。有序发展政策性租赁住房、共有产权住房。发展一定数量的政策性租赁住房，促进解决城镇非户籍常住人口和新落户的新就业大学生等新市民阶段性住房困难。支持共有产权住房建设，帮助城镇无房常住人口中有一定支付能力、买不起商品住房的群体拥有产权住房。

第三节

主要政策措施

一、聚焦关键领域和薄弱环节精准加大补短板力度

聚焦关键领域和薄弱环节，合理扩大有效投资，加大补短板强弱项力度。加强基础设施重点领域建设。着眼国家长远发展，加强战略性、网络型基础设施建设，推进川藏铁路等重大项目建设。加大交通、水利、能源、农业农村、生态环保、城镇基础设施、社会民生等建设力度。加快5G网络、人工智能、工业互联网、物联网、数据中心等新型基础设施建设，促进先进制造业投资，加大设备更新和技改投入。加强公共卫生设施、应急物资储备体系等短板领域建设，加快自然灾害防治重大工程实施，加大农村人居环境整

治力度。聚焦公共服务设施提标扩面、环境卫生设施提级扩能、市政公用设施提档升级、产业培育设施提质增效等领域，加强新型城镇化建设，大力提升县城公共设施和服务能力。

二、积极稳定有效投资增长

部署做好“六稳”工作、落实“六保”任务，贯彻落实党中央、国务院决策部署，进一步加大工作力度，稳定有效投资，发挥投资的关键作用。贯彻落实《国务院办公厅关于保持基础设施领域补短板力度的指导意见》等，精准聚焦关键领域和薄弱环节，加快补齐短板弱项，深入推进供给侧结构性改革，合理扩大有效投资。指导各地方依托国家重大建设项目库，按照近期、中期、长期三类，加强重大项目谋划储备，着力储备一批“十四五”时期基础设施等重点领域补短板重大项目。加强对补短板各领域落实工作的督导督促，及时交流推广先进经验，对落实不力的视情况采取通报等方式给予批评督促。密切跟踪和分析研判投资形势，加强稳投资政策储备，研究提出管用有效、操作性强的政策建议。

三、进一步发挥中央预算内投资引导带动作用

进一步调整优化中央预算内投资结构，对标对表党中央、国务院决策部署的重大战略、重大工程，集中力量加大投入力度。进

一步加快中央预算内投资计划下达进度，严格把关项目审核，年初尽可能多安排下达，督促有关部门和地方加快投资计划分解和转发，确保投资尽早安排到具体项目。加快推进项目开工建设和计划执行进度，协调财政部门加快资金支付进度，推动项目及时开工建设。着力加强事中事后监管，严格落实“两个责任”，持续做好项目日常调度、在线监测和现场监督检查，对发现的问题及时督促解决，不断提高投资效益。及早谋划编制下一年投资计划，做到早启动、早计划、早安排，进一步提前整个计划编制周期。认真做好中央预算内投资审计、督查各项工作，抓好审计、督查发现问题的整改落实。

四、按照“资金跟着项目走”的要求做好地方政府专项债券工作

严格把握专项债券投向领域，精准聚焦已确定的交通、水利、能源等领域，确保形成有效投资。按照“资金跟着项目走”的要求，做好专项债券项目准备各项工作，积极支持有一定收益的基础设施和公共服务项目建设。坚持“资金跟着项目走”的要求，完善专项债券项目安排协调机制。进一步加强各部门沟通协调，加快债券发行等环节的准备工作进度，推动解决专项债券项目落实中的问题。对已明确安排专项债券的项目，加快债券发行使用进度，督促项目加快开工建设。加强专项债券项目储备，指导各地方按照专项

债券工作要求，储备有一定收益的公益性项目，努力做到“项目等资金”。用好专项债券用作部分项目资本金的政策，发挥好专项债券的撬动作用。

五、按照“要素跟着项目走”的要求加大要素保障力度，加快推进项目前期工作

加强重大项目用地保障。按照“要素跟着项目走”的要求，通过梳理重大项目清单等，加大用地保障力度，推动重大项目落地实施，尽快开工建设。推动各地方建立相关工作机制，加强重大建设项目用地保障。加强重大项目用能保障，积极保障符合国家产业政策、不属于落后和过剩产能的新开工建设和投产重大项目合理用能。协调督促各有关方面加快办理投资项目审核程序，提高用地、环评等手续办理效率。督促各地方扎实做好征地拆迁、水电接入、资金落实等准备工作，解决项目前期工作中出现的重大问题。加大经费投入，加大投资项目前期工作经费支持力度，保障项目前期工作顺利推进。

六、进一步调动民间投资积极性

细化政策措施，狠抓贯彻落实，调动民间投资积极性。推动解决民间投资用地、用能、人才引进、政策配套、报建审批等实际

困难，优化民间投资环境。拓宽低成本融资渠道，引导和鼓励民营企业加大在资本市场融资力度，推动金融机构推出符合民营企业特点的信贷产品，增加信用贷款、中长期贷款规模和比例。鼓励民间资本参与新型城镇化和城市群建设，并加大在5G网络、人工智能、工业互联网、物联网等新型基础设施的投资建设力度。发挥向民间资本推介项目长效机制作用，推动各地常态化公开发布回报机制明确、商业潜力大的项目，吸引民间资本参与。稳妥开展基础设施REITs试点，盘活基础设施存量资产，扩宽民间投资渠道。发挥好中央预算内投资、专项债券等各类政府资金的带动作用，对符合条件的补齐疫情短板、传统和新型基础设施民间投资项目积极予以支持。

创新规范推广政府和社会资本合作（PPP）模式。落实党中央、国务院部署，进一步完善政策措施，规范创新推进PPP模式，吸引社会资本参与重点领域项目。指导和督促各地规范开展PPP项目可行性论证，增强PPP项目论证和决策科学性。依托全国PPP项目信息监测平台，推动各地做好PPP项目储备，实时对外发布重点推进PPP项目信息，服务各方需求。与金融机构等强化合作对接，实现PPP项目信息共享，推动重点推进项目落地实施。加强国际政策沟通交流，深化“一带一路”PPP国际交流与合作，继续加强与世界银行等方面的合作。

七、持续创新投融资机制

全面落实党的十九大报告明确的任务要求，按照《中共中央国务院关于深化投融资体制改革的意见》的精神，持续创新投融资机制。

从投资主体看。一方面，充分激发社会投资动力和活力。进一步确立企业投资主体地位，建立健全投资项目“三个清单”管理制度，不断优化企业投资项目管理流程，规范企业投资行为。另一方面，继续发挥好政府投资的引导和带动作用。进一步明确政府投资范围，优化政府投资安排方式，规范和加强政府投资管理，鼓励政府和社会资本合作。

从融资方面看。持续深化金融体制改革，把为实体经济服务作为出发点和落脚点，进一步畅通投资项目融资渠道。大力发展直接融资。注重依托资本市场，拓宽投资项目融资渠道，稳妥推进基础设施 REITs 工作，盘活优质存量资产，形成良性投资循环。充分发挥政策性、开发性金融机构积极作用，加大对城镇棚户区改造、生态环保、城乡基础设施、科技创新等重大项目和工程的资金支持力度。完善保险资金等机构资金对项目建设的投资机制。加快构建更加开放的投融资体制。

八、进一步深化投融资体制改革

立足发挥投资对优化供给结构的关键性作用的功能定位，适应投资促进高质量发展的要求，围绕充分发挥市场在资源配置中的决定性作用和更好发挥政府作用，进一步深化投融资体制改革。

深入推进投资审批制度改革，不断提高投资效率。加强项目决策与用地、规划等资源要素和建设条件衔接，推动项目尽快落地。围绕项目前期工作“办成一件事”，对项目可行性研究、选址、环评、水土保持评价、压覆矿评价等事项，推动在有条件的地方实现项目单位编报一套材料，政府部门统一受理、同步评估、同步审批、统一反馈。建立以投资决策综合性咨询为基础的联合评审机制，鼓励发展全过程和综合性投资咨询机构，推动投资中介服务机构由资质管理向行业自律、市场约束、信用监管模式转变。深化投资项目承诺制改革。制定主线审批流程、重要综合论证事项清单、明确审批标准，对应灵活采取附件容缺承诺、一般事项后置承诺、免审查达标承诺等多种方式，切实精简审批环节、材料和事项。简化、整合投资项目报建手续。进一步推动简化包括施工图审查在内的工程报建审批事项和环节，在保障工程质量安全的前提下，切实降低工程建设时间成本。

加强政府投资统筹管理，强化政府投资补短板作用。推动政府投资计划全覆盖，优化投资计划编制和平衡衔接机制。科学编制政府投资计划，统筹管理财政建设资金。建立政府投资范围动态调整机制，根据新时代社会主要矛盾的变化和高质量发展要求，健全完善政府投资范围评估调整机制，不断优化政府投资的方向和结构。

健全投资引导服务机制，促进投资结构优化。优化全国投资项目在线审批监管平台并联审批流程，建成将项目前期工作“办成一件事”的统一工作台，加强与其他部门系统的数据共享，避免企业重复申报。进一步提升在线平台建设应用力度。扩展在线平台功能，加快实现投资管理“一网通办”。推进在线平台政务信息向各方开放，特别是加快探索建立投融资在线对接平台，实现金融机构与项目单位的双向选择，畅通融资渠道。进一步提升投资监测预测服务水平。积极将在线平台投资数据转化为服务型数据产品，加强投资项目信息汇总分析，强化对优化投资结构的信息服务引导作用。

健全投资项目监管执法体系，促进投资高质量发展。落实《政府投资条例》《企业投资项目核准和备案管理条例》有关要求，加强投资项目事中事后监管，推动建立投资项目属地化监管机制，明确监管内容、监管手段、处罚措施、罚则适用等内容，完善监管执法程序。针对企业投资项目未批先建、批建不符以及政府投资项目未批先建、边批边建、自批自建、违规超概算、违规调整概算等，组织开展监管执法实践，依法治理违法劣质投资活动，推动投资高质量发展。

九、进一步加大投资领域开放力度

顺应对外开放阶段的新变化和产业结构转型升级的新要求，坚持“引进来”与“走出去”双轮驱动，提高双向开放水平，共同组合全球资源要素，促进国际国内产业链有序衔接、要素双向流动、创新相互促进，为构筑全面开放新格局、提升供给质量、建设社会主义现代化强国提供支撑。

利用外资方面，继续扩大外资市场准入。以服务业开放为重点，加快电信、教育、医疗、文化等领域开放进程，进一步提高制造业、农业开放水平。全面实施负面清单管理制度，保障开放政策的透明度和一致性。建设国际一流外商投资环境。全面落实《外商投资法》及相关实施条例，继续加大投资保护力度。完善统一开放透明的现代市场体系，继续加大知识产权保护力度，严格保护外商投资合法权益，促进市场有序竞争。构建开放的产业体系和创新体系。鼓励外商投资传统制造转型升级、高端制造、高新技术产业和现代服务业。鼓励外资企业设立研发中心、承担科技项目，支持外资企业参与产业技术联盟。发挥重大外资项目示范带动作用。支持外资向中西部地区投资。充分把握“一带一路”建设带来的机遇，支持中西部地区加快弥补融资渠道、物流成本、营商环境等方面的短板，提升对外资吸引力。

对外投资方面，不断创新对外投资方式。坚持企业主体，鼓励有条件的企业以市场为导向，通过直接投资、证券投资、联合投资等多种途径优化资源配置、开拓国际市场。支持中国企业与合作伙伴发挥各自优势，共同开拓第三方市场。健全以备案为主的境外投资管理制度，提高境外投资便利化水平。坚持分类施策，优化境外投资结构。引导企业加强境外经营合规管理，积极履行社会责任，树立中国投资者良好形象。健全境外投资服务体系，拓展“走出去”公共信息服务，提升签证、税收、外汇等服务水平。支持商（协）会发挥桥梁纽带作用和服务功能。指导企业加强项目可行性研究，强化风险内控机制建设，提高国际化经营管理水平。引导企业加强对东道国安全审查、反垄断审查等法律风险进行评估和应对。加强海外利益保护和风险预警处置。

十、进一步强化投资项目风险防控工作

认真贯彻落实党中央、国务院关于坚决打好防范化解重大风险攻坚战的决策部署，进一步强化投资项目风险防控工作。按照尽力而为、量力而行的原则，根据地方政府财政承受能力和政府投资能力，精准聚焦短板领域，区分轻重缓急，科学有序推进项目建设，切实防范地方政府隐性债务风险。加强规划阶段项目选址论证，科学编制各类规划，进一步加强投资项目生态环境风险防控，强化选址布局的提前论证和比选；在科学规划的基础上严格落实规划要求。严格执行建设项目规划选址、用地、环评、审批（核准、备

案）、施工许可、竣工验收等各项建设程序，确保项目严格按照建设程序和标准规范实施。进一步加强政府投资控制，科学测算项目投资规模，对项目投资规模、建设内容等进行严格审核把关，严控盲目攀比、重复建设，避免投资大幅增加。加强投资项目其他风险防控，坚决打好防范化解重大风险攻坚战，推动重大项目顺利实施。

参考文献

习近平，2017. 习近平谈治国理政：第二卷 [M]. 北京：外文出版社 .

中共中央宣传部，2014. 习近平总书记系列重要讲话读本 [M]. 北京：学习出版社 .

中共中央宣传部，2016. 习近平总书记系列重要讲话读本（2016 年版）[M]. 北京：学习出版社 .

中共中央宣传部，2019. 习近平新时代中国特色社会主义思想学习纲要 [M]. 北京：学习出版社 .

何立峰，2020. 深化供给侧结构性改革 推动经济高质量发展 [N]. 学习时报，2020-01-08（1）.

陈钰，2019. 从《世界竞争力年鉴 2019》看中美竞争力比较 [J]. 全球科技经济瞭望，34（07）：47-52.

胡祖铨，2019. 稳投资，合理有效很重要 [N]. 人民日报，2019-02-11（10）.

商务部研究院，2018. "走出去"全球拓展之路——中国对外投资与国际经济技术合作 40 年 [M]. 北京：中国商务出版社 .

徐康宁，2017. 中国经济仍将保持平稳健康增长 [N]. 人民日报，2017-08-28（7）.

中国宏观经济研究院课题组，2017. 紧盯重点领域补短板的七个方向 [N]. 经济日报，2017-09-01（14）.

后 记

本书在国家发展改革委党组书记、主任何立峰同志的直接领导下，由国家发展改革委党组副书记、副主任唐登杰同志，国家发展改革委原副主任张勇同志指导编写。国家发展改革委投资司、国家发展改革委投资研究所组织编写。编写过程中，得到了国家发展改革委政研室、规划司、体改司、外资司、地区司、振兴司、开放司、农经司、基础司、产业司、高技术司、环资司、社会司、就业司、经贸司、财金司、法规司，以及国家能源局的大力支持。

本书编写人员包括国家发展改革委投资司欧鸿、吴玉和、吕文斌、韩志峰、王悦现、刘世虎、张国华、王国伟、王翔、侯全章、陈长耀、张毅、谭成文、李京法、李建国、王若蒙，国家发展改革委投资研究所张长春、汪文祥、罗松山、吴亚平、祁玉清、马小丁、刘琳、刘立峰、岳国强、郑征、林勇明、任荣荣、吴有红、李泽正、杜月、邹晓梅、应晓妮、徐文舸、梁城城、李粉、李嘉。

袁达、赵怀勇、李玉举、何杰锋、逯元堂、马欢欢、张祥伟、王熙、刘斌、张金鑫、潘彪等对本书提出了宝贵意见。编辑人员为中国计划出版社周康青、李陵、赵文斌。上述同志为本书编写出版付出了辛勤劳动，在此表示感谢。

本书编写组

2020 年 8 月

学习贯彻习近平新时代中国特色社会主义经济思想
做好“十四五”规划编制和发展改革工作
| 系列丛书 |

编委会